図解 面白いほど役に立つ

超一流の時間力

安田 正
TADASHI YASUDA

やる気あふれる
1日にするには？

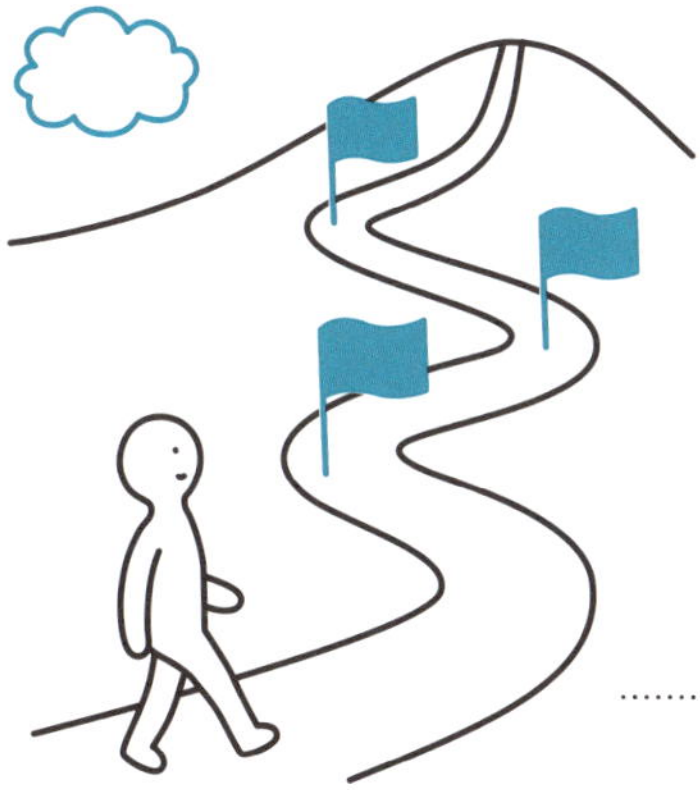

仕事効率を
UPさせる
スキルとは？

成功の確率を
10倍高めるには？

日本文芸社

はじめに

今、野球の米メジャーリーグでの大谷《おおたに》翔平《しょうへい》選手の姿が、海外でも話題になっています。活躍するその姿を見て、ある日突然、その才能が開花したと思う人もいるかもしれませんが、じつは、そうではありません。

大谷選手は、高校時代からメジャーリーグに目標を定めていました。そして、その大きな目標達成のために何をすればいいか、言い換えれば、大きな目標達成を実現するためには、どんな小さな目標達成を積み上げていいかを考えました。

「１６０キロのボールを投げるにはどうすればいいか」はもちろん、「道具の整理整頓」「審判への挨拶」まで、ありとあらゆる側面から野球をとらえ、それらをひとつひとつ実現しながら、名選手としての階段を、今も上り続けているのです。

その姿を見ていると、時間管理とは、まさに「自分の可能性を完成させる」ことにほかならないと、つくづく思います。

人生における「成功」とは、自分の可能性を開花させ、夢を実現することです。

そのチャンスは、誰にでも平等にあります。そのために不可欠なのは、「時間管理のルール」

を知って、それを守るということです。

言い換えれば、時間管理とは、自分自身の探求の手段なのです。

今、メディアでは「ノー残業」「働き方改革」といった言葉が取り上げられ、日本人の仕事への取り組み方が問い直されている時代です。これは、言い換えれば、「今まで日本人がいかに非効率的に仕事をし、時間を無駄にしてきたか」という反省なのです。

誰にとっても、人生の夢があるはずです。時間は、その夢を実現するために使わなければ意味がありません。

「自分は、どんな夢を実現したいのか？　どんな人生を生きたいのか？」

今、そのことをもう一度、考え直してみませんか？

時間を味方に付けると、仕事の効率が上がり、やる気も倍増、目標・計画が達成でき、自分の能力も最大限に発揮できます。つまり成功者への道が開けるのです。

自分の「成功」を手に入れるための時間管理術——。この本に、私のすべてのノウハウを詰め込みました。

今、あなたは、「成功」を手に入れるためのチケットを手にしているのです。

２０１８年８月

安田　正

もくじ

面白いほど役に立つ 図解 超一流の時間力

第1章

時間を味方にすると、あなたは10倍の確率で成功する

「誰でも成功する」人生の時間ルール

第2章 ちょっとした工夫で仕事の効率はぐんぐんUPする

「終わらない仕事から解放される」時間ルール

第3章　「楽しくてしょうがない」1日の作り方

「やる気が倍増する」時間ルール

第4章　仕事が面白くなり、すぐに自信が付く方法

「目標・計画を達成させる」時間ルール

第5章 自分の能力に気付いた人だけ、夢を実現できる

「能力を最大限発揮する」時間ルール

製作スタッフ
カバー・本文デザイン　ISSHIKI（デジカル）
本文イラスト　大塚たかみつ
編集協力　今村幸介、山根裕之

第1章

時間を味方にすると、あなたは10倍の確率で成功する

「誰でも成功する」人生の時間ルール

「誰でも成功する」人生の時間ルール

のチェックポイント

人生の設計図をつくり実践すれば、成功への道のりは必ず見えてきます。今からでも遅くはありません。一歩一歩着実に歩んでいきましょう。

Key Phrase

成功への階段をイメージしよう

自分が成功に近づいているか、
大きな視点から常に見直そう。

Check ➡ 01

Key Phrase

達成度の上がる目標を立てる

「短期」「中期」「長期」の視点で
目標を設定しよう。

Check ➡ 02、03、04

Key Phrase

仕事の目標をスキルと結びつける

仕事をスキル習得のプロセスとしてとらえ、定期的にチェック。

Check ➡ 05、06

Key Phrase

無駄な努力に時間を使わない

行き詰ったら立ち止まり、「今、何をすべきか」を検証しよう。

Check ➡ 07

Key Phrase

自分の資質を知って活かす

「サーチミー」で自分の資質を知り、仕事に役立てよう。

Check ➡ 08

01

イメージが決まれば、成功はほぼ100%確定する

10年ごとに目標をクリアして確実に前進しよう

自分の夢を実現して、「成功」を手に入れるためには、どんな人生を歩めばいいのか――。まずはそれをイメージしてみることから始めましょう。

全体像が見えていなければ、具体的に何をやればいいのかわかりません。最初に「成功者」としての自分の人生を、はっきりとイメージしてください。

まず、20代は、基本的なスキルを身に付け、ひとつの結果を出す時代です。

こういう人は自分に自信を持ちます。その結果、志《こころざし》が高くなり、目指す目標も周囲とはまったく違います。まさに成功への切符をつかんだ人です。

30代では、周囲を動かしながら、さらに大きな成果を上げます。とくに、35歳くらいで、同年代の他の人とはまったく異なる輝きを放つようになることが、成功へのカギです。

そんな人が40代になると、自分だけではなく、周囲に大きな影響を与えるようになります。「彼に任せれば何かが起こる」という絶大なる信頼を得るのが40代です。

そして50代になると、偉大な人脈づくりを完成させます。たったひとり、お山の大将では何もできません。自由に動かせる優れた人脈が、「成功」を約束してくれるのです。

これが「成功」への道のりです。

もちろん、この年齢どおりでなくても大丈夫です。いつ目覚めるかは個人差があります。

大切なのは、自分が「成功」に近づいているかどうかを、つねに大きな視点で見直すことです。

10年先、20年先の自分を想定しながら、階段を確実に上る、それが人生なのです。

成功者としての人生

成功への道のりをイメージする

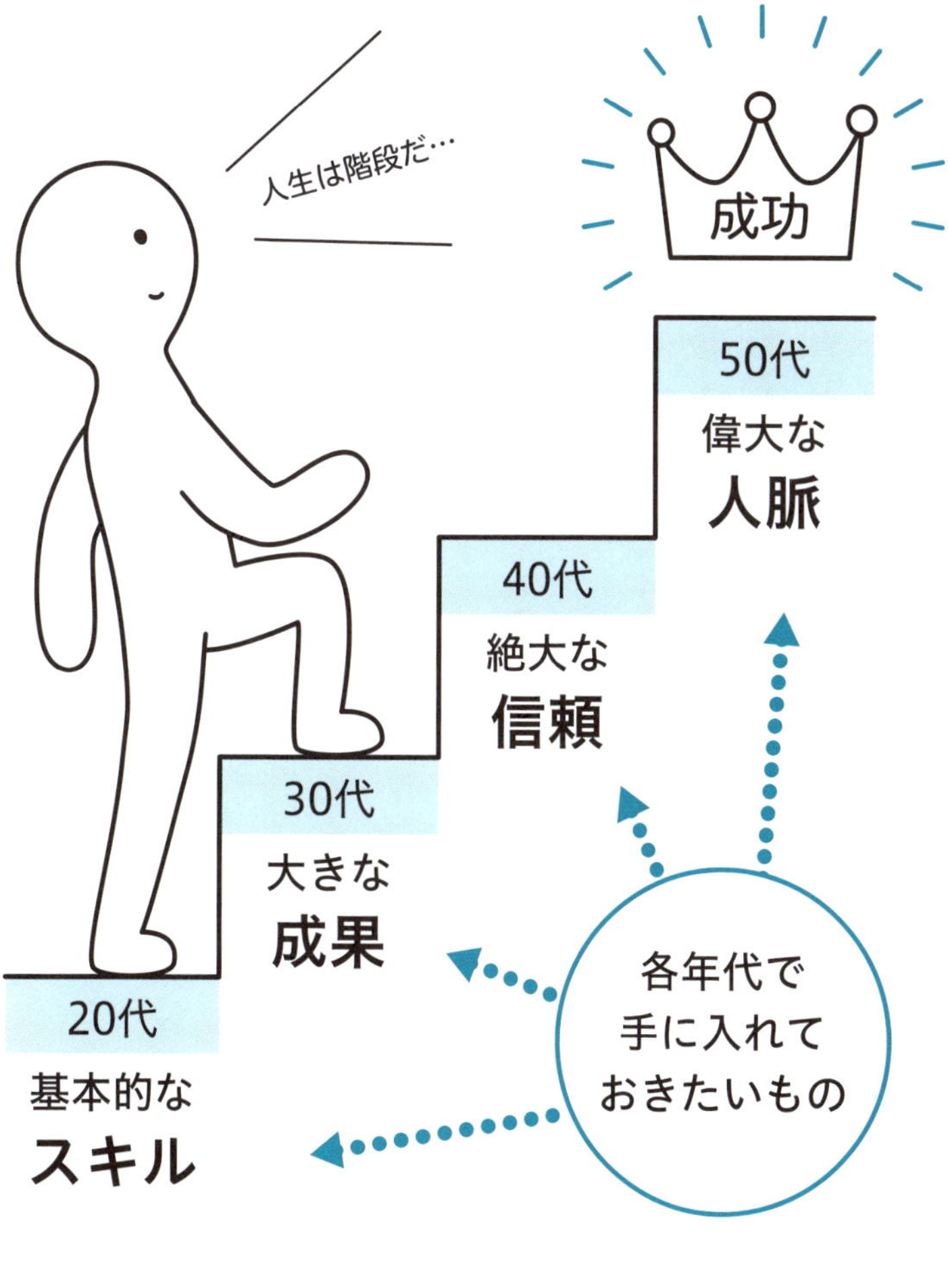

- 成功に近づいているか、大きな視点で見直す
- いつ目覚めるかは個人差がある

02

超一流の人は「1日・3カ月・1年」用のメガネを持っている

「短期」「中期」「長期」で計画を立てて目標を達成

自分がどんな夢をかなえたいか、どんな可能性に挑みたいか。それをもとにして人生全体を大きな目で概観《がいかん》できたら、次に具体的な計画作りに入ります。実際に、日々の仕事をどう進めていけばいいかを、プランニングするのです。

ここでも、やはりマクロな視点が重要です。**「短期」「中期」「長期」という3つの視点で、仕事の流れをとらえることが重要です。**

ここでいう「短期」とは「その日の目標」のことだと考えてください。同じように「中期」は「3カ月ごとの目標」、「長期」は「1年後の目標」のことを示しています。

人生の大きな目標に向かって、一足飛びに進むことはできません。まずは1年後に狙いを定めて、ひとつの大きな目標の達成を目ざします。

それを何度も重ねていき、実力を身に付けて、最終的な成功を手にするわけです。

ところで、1年という長期目標を達成するといっても、その1年間で何をどうやって積み上げていけばいいか、それを考えるのはとても困難です。

そこで、3カ月ごとに中くらいの目標を達成し、それを4回繰り返すことで、1年後に大きな目標を達成すると考えるようにします。

同じように、3カ月後という中期目標を達成するために、「今日は何をやり遂げればいいか」を考えて、1日の目標とします。これが短期目標です。

目標とは、「1日」「3カ月」「1年」という3段階で考えると、わかりやすくなります。「1日・3カ月・1年」用の、メガネをかけて自分の仕事を見ることができるのが、「超一流の人」なのです。

仕事のプランニング①

短期・中期・長期で目標を立てる

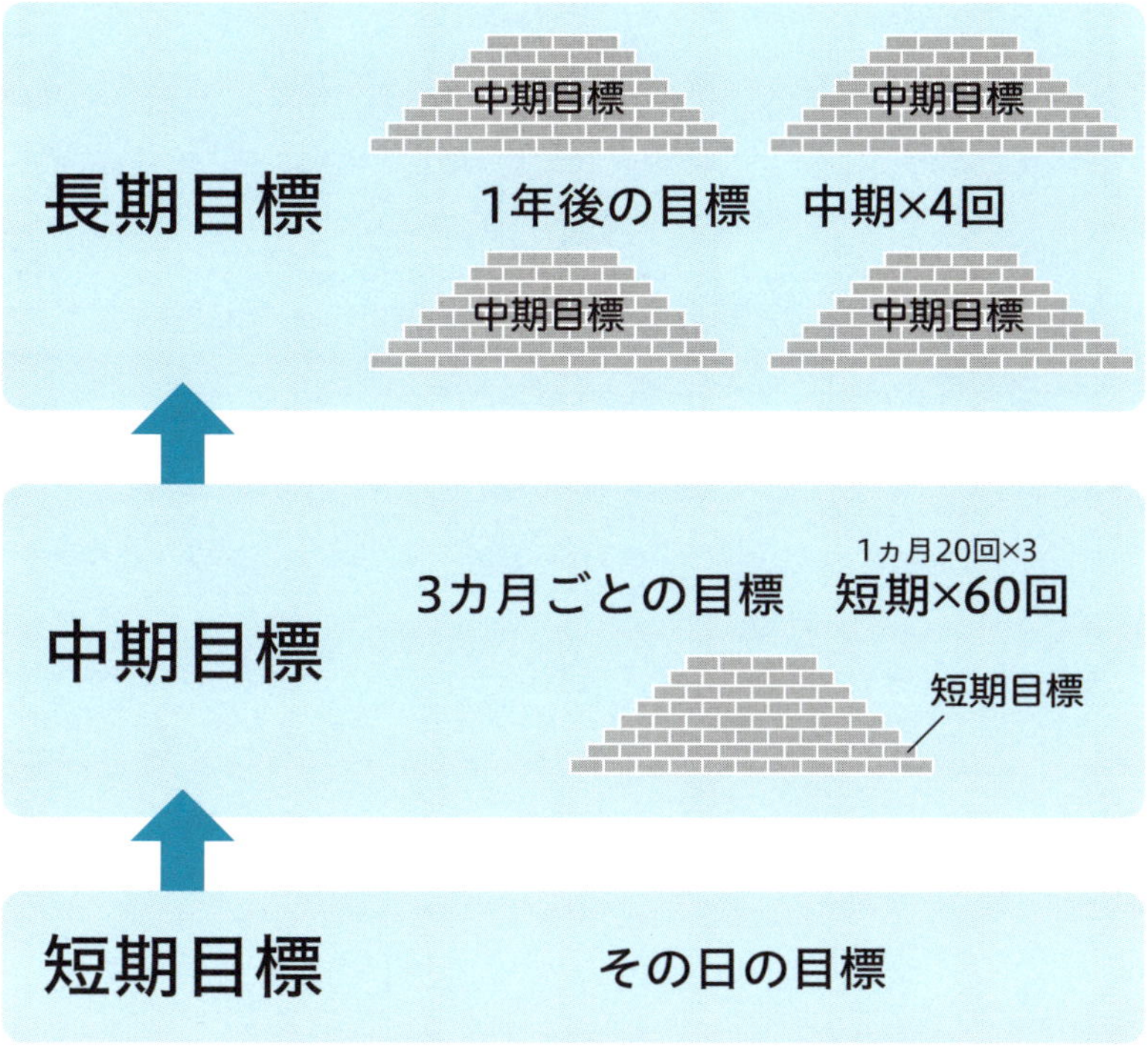

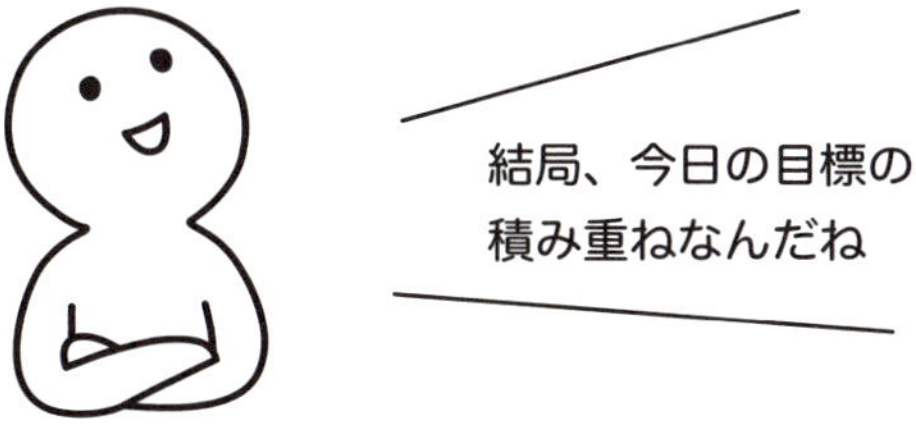

- 短期・中期・長期目標のつながりを把握する
- 全体像がわかれば、今、何をすべきかわかる

03

1億円を手にするためには今日の過ごし方が重要

仕事は「大から小へ」という流れで考える

仕事の計画を、「短期」「中期」「長期」で考える、ということを、別の角度から考えます。

仕事を、「大きいものから小さいものへ」という流れで考えてほしいのです。

最終的に達成しなければならない長期目標、つまり、最も大きな目標を達成するためには、小さな目標をたくさん積み上げていかなければなりません。

そんな視点で見ると、「今日、何をすればいいか?」が具体的に見えてくるのです。

たとえば、1年後に「1億円の契約を結ぶ」という大きな目標を立てたとします。一足飛びに1億円は無理なので、「まずは3カ月後に1000万円の契約を結ぶ」という中くらいの目標を立てます。

これを4回達成すれば、4000万円です。1億円には足りませんが、「3カ月で1000万円」の

ノルマをこなせるようになれば、スキルが身に付くので、次は「3カ月で2000万円」「3カ月で3000万円」「3カ月で4000万円」と、どんどんノルマの金額を上げていくことも可能です。

そうすれば、1年後に「1億円の契約を結ぶ」という大きな目標達成も夢ではなくなります。

ただし、3カ月後に1000万円の契約を結ぶのは、そう簡単ではありません。

だから、「今日1日で100件の電話をしてアポ取りする」という小さな目標を立て、実行するのです。

「仕事を大きいものから小さいものへ」という流れで考えるとは、こういうことです。

もし、今日やることがわからなければ、1年後にどんな目標を達成するのか、そのために何をすればいいかを考えて、そこから逆算すればいいのです。

仕事のプランニング②

1年後の目標から今日の仕事を考える

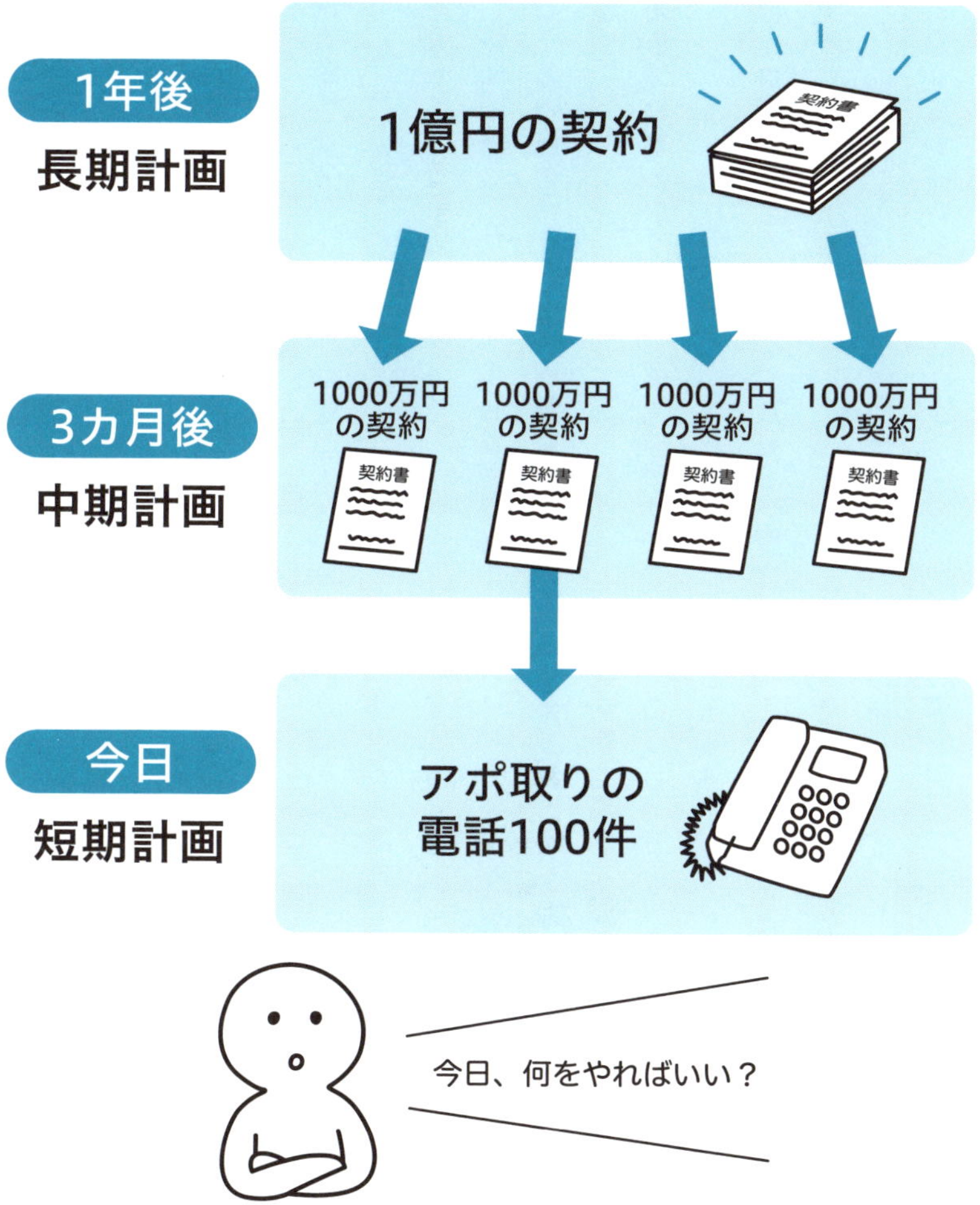

- 仕事は大きな流れでとらえる
- 大きなことから小さなことへ視点を移す

04

「3カ月ごとの見直し」をすれば、夢の実現を維持できる

「夢に近づいている実感」をつねに確かめていく

自分の人生の目標を見極め、それを実現するための人生設計図を描き、日々の時間管理をして、自分の可能性を最大限生かす――。

時間管理は、苦しいものではありません。仕事を、そして人生を楽しくするものです。

なぜなら、時間管理して仕事をするのは、自分の夢を実現するための道を作り、そこを歩いていくためだからです。

夢をかなえるプロセスが、苦しいはずはありません。

そこで、ひとつ階段を上ったと思ったら、一度立ち止まり、見回してみてください。

目安は、3カ月ごとです。3カ月あれば、仕事が、何らかの形になっているからです。

もしかしたら、次の階段までの距離が、意外と近いかもしれない。それは不断の努力が実った証拠だと言えます。

あるいは、もしかしたら、もっと別の、すばらしい夢を発見するかもしれません。

そんなときは、ためらうことなく、夢をさらに大きくすればいいのです。

「見えた」ということは、「実現できる」ということの証《あか》しです。自分にはその可能性があるのです。

こうして3カ月ごとに自分が上る階段をチェックしましょう。

そして、次の目標を設定し直すのです。

そうすれば、夢を実現するために必要な集中力も維持できます。

夢とは、漠然《ばくぜん》とした幻のようなものではなく、はっきりと自分の目で確かめていくものです。

夢に近付く方法

3カ月ごとに夢へのプロセスを確認する

- 時間管理は人生を楽しくするもの
- 3カ月ごとに次の目標を設定し直そう

05

仕事を通してスキルを高めたら、「永遠の成功者」になれる

「スキル習得のプロセス」として仕事をとらえる

仕事の全体の流れが把握できたら、次に考えることは、いかにして効率よく仕事をこなしていくかということです。

そのためには、まず仕事の目的を、「スキル」と結び付けてとらえることが重要です。

仕事の効率を高めるために不可欠なものは、その仕事に取り組むためのスキルです。

スキルさえあれば、仕事は効率よく、予定どおりに進みます。そこで、「仕事をこなす」ということを、「その仕事をするためのスキルを身に付ける過程である」ととらえるのです。

もしも「仕事のやり方がわからない」「どうすれば効率よくこなせるかが見えてこない」と思ったら、「自分が、もともとどんなスキルを持っているか」、あるいは、「これから身に付けるべきスキル、伸ばしていくべきスキルは何なのか」を考えてみればいいのです。

言い換えれば、「ひとつの目標を達成する」ということは、「そのスキルが身に付く」ということでもあるのです。

仕事をこなしていきながら、もしそこに身に付けることのできる「スキル」があれば、それも一緒に手に入れてしまおう、という考え方が重要なのです。

たとえば、もし「100件のアポ取りをする」という目標がなかなか達成できないとき、「電話のかけ方、話し方が悪い」と思えば、まず「電話をかける」というスキルを学べばいいわけです。

これで計画どおりに、目標を達成することができます。それと同時に、スキルも身に付き、「永遠の成功者」への道も開けるのです。

仕事の効率化

仕事はスキルを身に付ける過程

仕事の目的　**100件のアポ取り**

必要なスキル　**電話のかけ方・話し方**

- **スキルがあれば、仕事は効率よく、予定通り進む**
- **スキルを身に付けながら、仕事をこなそう**

06

3カ月前のあなたと比べて5%の能力UPをしよう

人生の設計図を作り、それを形にするために時間管理をするということが、ここまで読んでいただいておわかりかと思います。

計画どおりに小さな目標を達成させ、それをさらに大きな目標につなぎ、そして、最終的に人生の最終目標を達成する。

そのために、確実な日々のプランニングをして、時間を思いどおりに使いこなす。言い換えれば、時間を味方に付けていくわけです。

そして、その過程において重要なのは、最終目標に達するまでの途中にある中期目標や短期目標、それらをこなしていくためのスキルを確実に身に付けていくことです。

目標達成は、スキルの習得と切り離して考えることはできません。

「身に付いたスキル」を定期的にチェックする

そこで、自分にはどんなスキルがあるか、新たにどんなスキルが身に付いたか、それをつねにチェックしておく必要があります。

ここでぜひ実行してほしいのは、スキルのチェックシートを書くことです。

目標達成のために、「1日」「3カ月」「1年」で、それぞれどんなスキルが身に付いたか、それを自分で振り返り、記入するのです。

これを3カ月ごとにチェックすれば、身に付けたスキルが、より確実に自分のものになるはずです。

3カ月前のあなたと比べて5%程度、能力UPできていれば理想的です。

そして、こうして間違いなくスキルを身に付けていけば、それが人生の目標達成のための、大きな原動力になります。

人生の設計図と時間管理

スキルのチェックシート

〈 記入例 〉

目標	営業として労働効率を上げる
短期（1日）	電話のアポ取り
中期（3カ月）	・商品知識を増やす ・企画のスキルを上げる
長期（1年）	・説明力をつける ・印象を良くする

日付	11月1日	見直し	2月1日

何の領域のスキルか明確にする

その日に必要なスキルを記入

3カ月後に身に付けたいスキルを記入

1年後に身に付けたいスキルを記入

記入した日

チェック予定日（3カ月後）

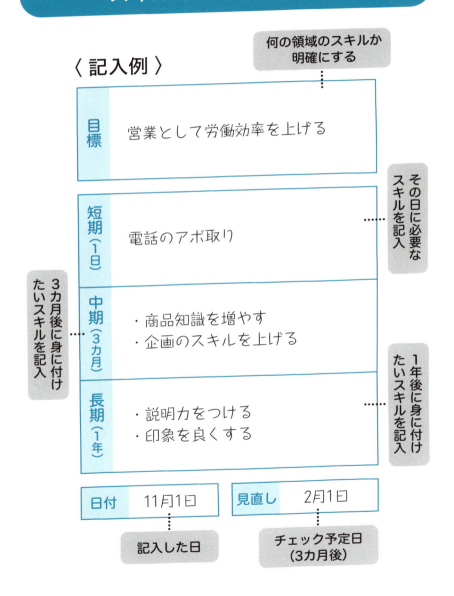

07

「今、やらなくてもいいこと」を見つけたら、超楽になる

つまづいたら「方向性が間違ってないか？」を検証する

気力もあるし、頭もよく働く。仕事のプライオリティ（優先順位）も間違いないし、人生の目標も、仕事の目的も、どちらもはっきりしている。

ところが、どうも今ひとつ仕事の効率が上がらない。期待どおりの成果が出ず、時間の無駄ではないか。そんな不安を抱くことがあります。

そんなときは、「努力の方向性は間違っていないか？」をチェックしましょう。

方向性を間違えていると、ただ同じ場所でジタバタするだけになりがちです。

とくに多いのが、「中期目標を達成するために頑張っていたのに、じつは、まだ短期目標が達成できていなかった」という場合です。

たとえば、中期目標のつもりで取り組んでいる、重要なプレゼン用のレジュメ作成の作業が、なかなか進まず、白紙のまま、ということがあります。

そんな時は、「このままレジュメ作成に向き合っていてもいいのか？」と考えるのです。

もしかしたら「本やネットでレジュメ作成のための下調べをする」という短期目標が、まだ達成されていないのかもしれません。

つまり、努力の方向性が間違っているために、時間の無駄になっているのです。

そんなときは、とりあえず中期目標をわきに置いて、短期目標に立ち返ることが必要です。それさえクリアすれば、中期目標も達成できるはずです。

仕事に行き詰ったら、「今、何をなすべきか？」を考えてみることが重要です。そのことで逆に、「今、やらなくてもいいこと」を見つけられれば、気持ちも楽になるはずです。

仕事に行き詰ったら？

短期目標に立ち返ってクリアする

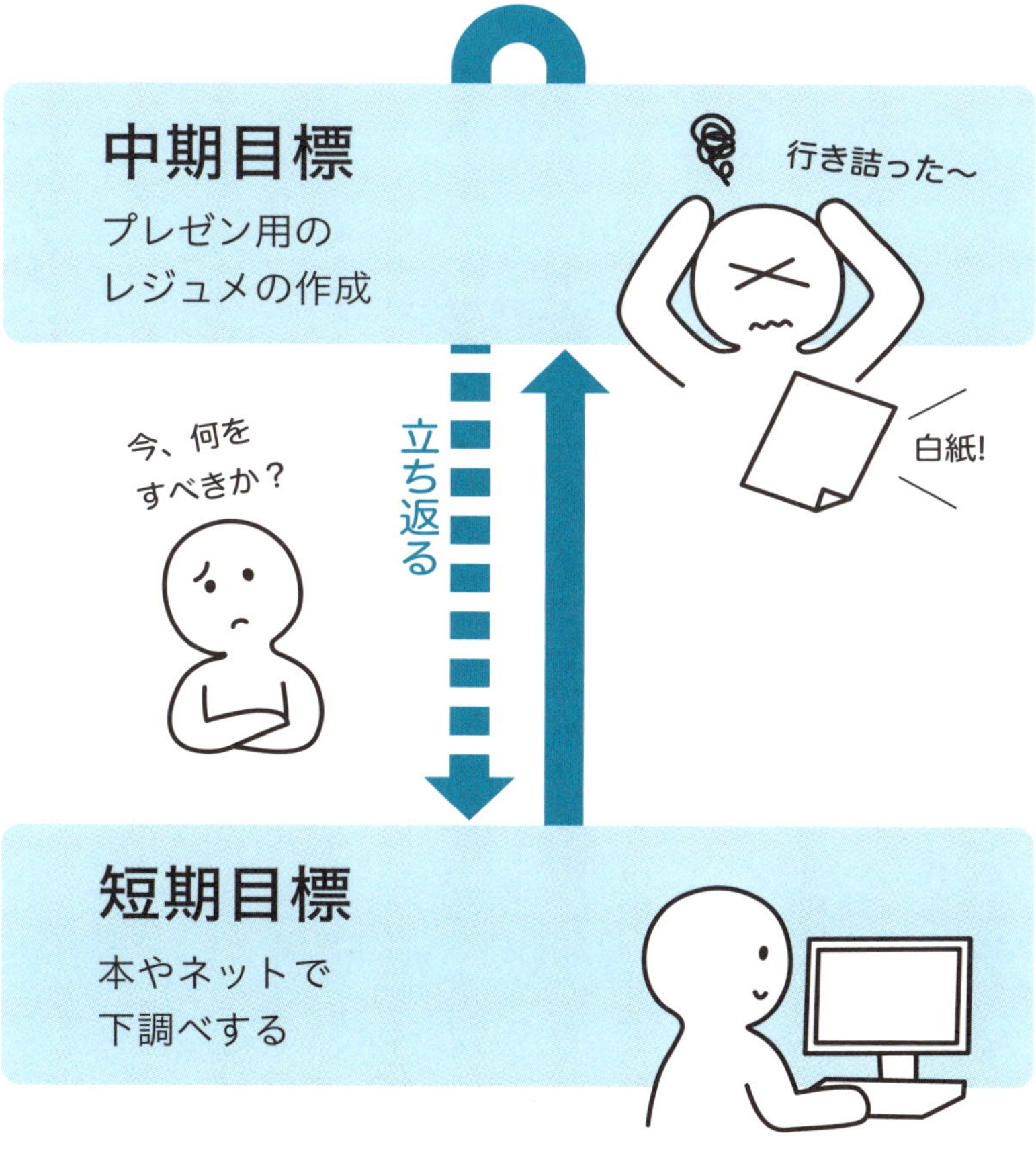

- 中期目標の達成のためには、短期目標のクリアが必要
- 短期目標をクリアし忘れていないか、チェックする

08

自分の強みの先にしか成功はない

自分の「得意分野」を見つけて仕事に活かす

これまでスキルについて述べてきましたが、仕事を効率的に進めて、時間を味方に付けるためにぜひ必要なものが、もうひとつあります。それは、もともと自分が持っている「得意分野」です。

いい仕事をするためには、自分のいいところを発見し、それを最大限生かすことが不可欠です。

それは「スキル」とは少し違います。自分の資質のことです。突き詰めれば「自分探し」をした結果見えてくる、自分の本質といってもいいでしょう。

たとえば、信念はあるか。良心や道徳心はあるか。リーダーシップはあるか。他人との協調性は豊かに持っているか。人に対する優しさや共感性はどれくらい持っているか。

あるいは、自由さ、明朗さ、素直さをどれくらい持っているか。自由な発想ができるか。好奇心や探求心は豊かに持っているか。

ひとりの人間の本質を探ろうと思えば、いくらでも深く探ることができます。

たとえば、自分探しのためのテストをすることで、自分自身でも気付かなかった本質が見えてくることも、けっして珍しくありません。それが「得意分野」になり、仕事に生かせるのです。

私の会社のホームページには、自分を知るための「サーチミー」というテストが掲載されています。これをやれば、自分の資質がはっきり見えてきます。ぜひそれを利用して、自分は何が得意なのかを見つけてください。

それは、仕事をする上で、大きな強みになることは間違いありません。自分の強みの先にしか成功はないのです。

得意分野の見つけ方

「サーチミー」で自分の強みを知る

パンネーションズ・コンサルティング・グループ
「サーチミー」無料診断　https://searchme.jp/
※グラフは安田正の創業時の診断結果

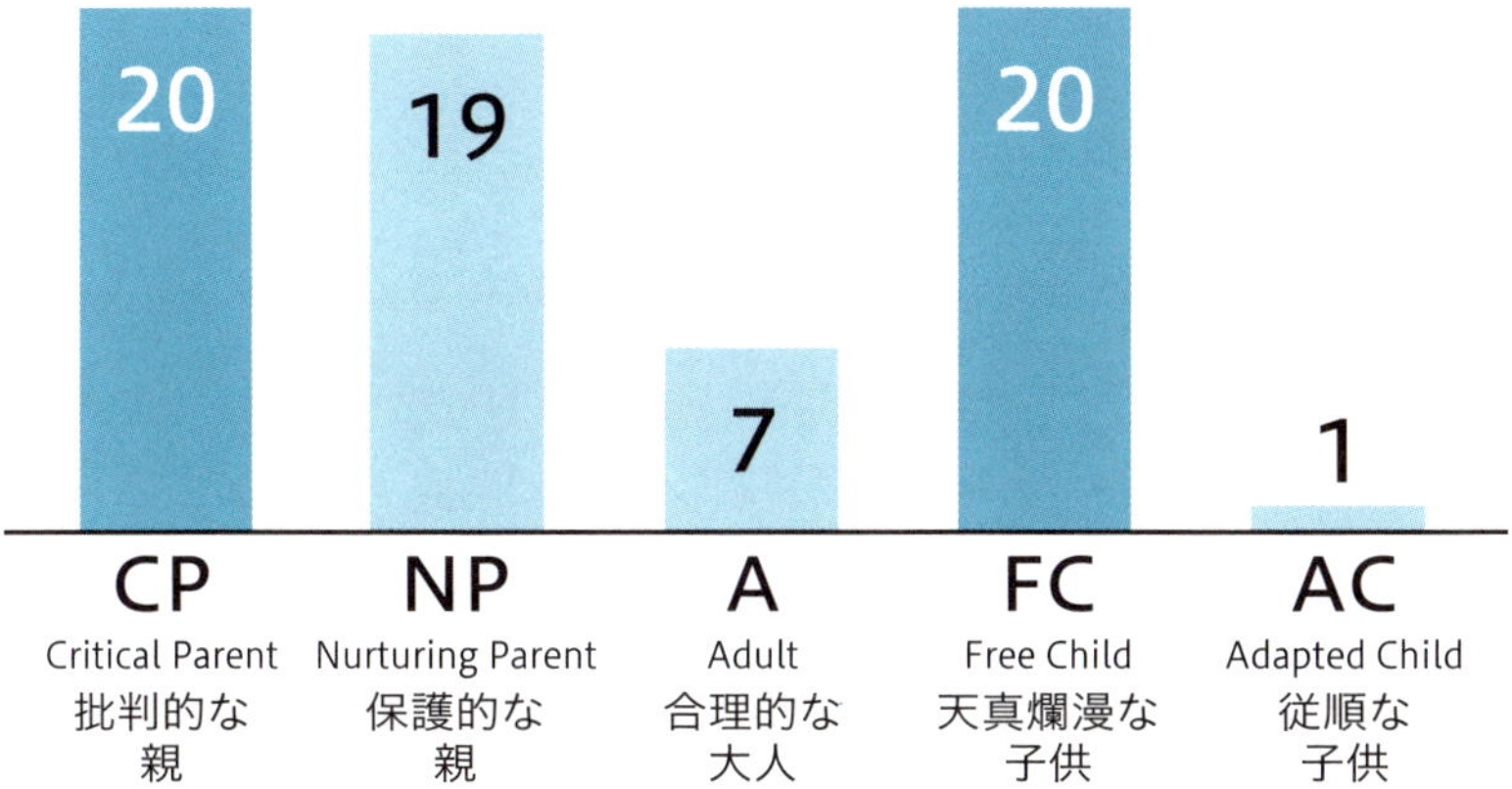

キーワード

CP …… 信念・道徳心・良心・リーダーシップ
NP …… 優しさ・共感性
A …… 知性・論理性
FC …… 自由さ・明朗さ・好奇心
AC …… 素直さ・協調性・礼儀正しさ

- **「サーチミー」（エゴグラム）は、人の本質を5つの視点から分析**
- **数値の高いところが、その人の強みを表す**

Column 01

「To Do リスト」は1日の終わりにも要チェック

朝、まず最初にやるべきことは、「To Do リスト」をチェックして優先順位を付け、その日の仕事のスケジュールを考えることです。

もちろん、「To Do リスト」は1日中ずっと何度も見直すことになりますが、1日の最後、退社する前にも、必ず見直さなければなりません。

つまり、その日の達成度をチェックして、反省し、翌日につなげるのです。

朝の時点では、あくまでも「その日やる予定の仕事」を書き出したリストですが、実際に予定どおり全部達成できたのかを見返します。

もし、やり残した仕事があれば、当然のことながら、その仕事は、翌日の「To Do リスト」の上位にくるはずです。

また、やり残した仕事について、「なぜできなかったのか?」についても必ず考えます。

たとえば、その仕事にかかる時間の予測を誤ったということもあるでしょう。また、自分のスキルが、思ったほど十分ではなかったかもしれません。

いずれにしても、自分の能力を振り返るための、ひとつのきっかけになります。

あるいは、予定外の仕事が入ったということもあります。

予定のなかった来客や打ち合わせが入るとか、思いがけない電話があって長話をしてしまったなどということは、よくあります。それもまた、自分の反省の材料になります。

ともかく、その日残ってしまった仕事は、翌日以降に挽回しなければなりません。

そのために、1日の最後に、もう一度、「To Do リスト」をチェックしてください。

第2章

ちょっとした工夫で仕事の効率はぐんぐんUPする

「終わらない仕事から解放される」時間ルール

「終わらない仕事から解放される」時間ルールのチェックポイント

ビジネスパーソンは、いつも時間に追われているもの。「時間がない」「仕事が終わらない」という悩みを解決するために、効率的に仕事をこなしましょう。

Key Phrase

自分のピークを把握する

調子のよい「ピーク時間」を知り「90分」のデッドラインを設定して仕事に集中しよう。

Check ➡ 09、10、11

Key Phrase

物事の優先順位を決める

「何をやるか」だけでなく、「何をしないか」を考えよう。

Check ➡ 12、13

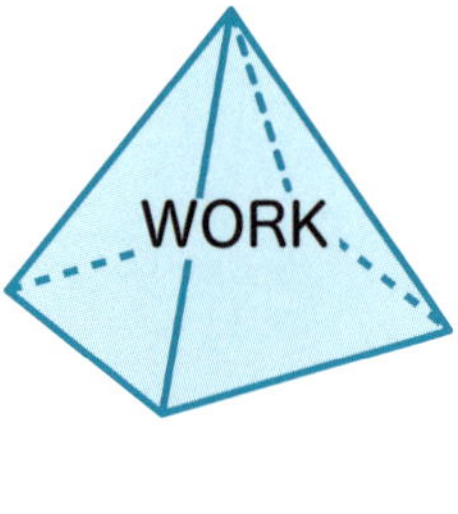

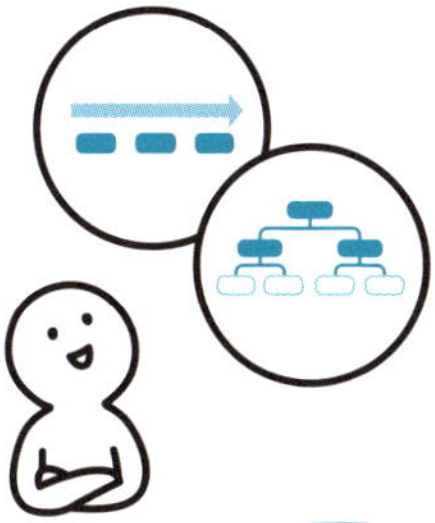

Key Phrase

大きな視点で仕事をとらえる

効率的に時間を使うために仕事の全体像を見るクセを付けよう。

Check ➡ 14、15

Key Phrase

図解で問題点を整理する

仕事が前に進まないときは、図解で大きな流れをとらえ直そう。

Check ➡ 16

Key Phrase

時間を意識してベストを尽くす

意識改革だけでなく、アプリも活用して時間を見積もり仕事の計画を立てて取り組もう

Check ➡ 17、18、19、20

09

「90分×3セット」で考えると仕事のリズムが上がる

1日を無駄なく活用できる仕事の組み立て方

ともかく、少しでも長い時間、仕事をし続けるのが一番いい。そう思いがちですが、大きな間違いです。仕事には、理想的なペース配分があります。

仕事の時間は90分、それが鉄則です。人間の集中力が持続するのは90分です。それが人間の限界なのです。そこには生理的な理由がありま す。

脳はブドウ糖をエネルギー源としていますが、ブドウ糖は蓄積ができないので、使い果たせば脳を休ませてエネルギーが補給されるのを待たなければなりません。それを考えると90分という長さが理想的なのです。

といっても、90分を同じペースで仕事し続けるのは簡単ではありません。

大切なのは、90分という時間の中に、メリハリを付けることです。

たとえば、「最初は簡単にこなせる仕事から始めて脳の回転力を高める→勢いが付いたところで最も重要で難易度の高い仕事に取り組む→そのうち行き詰ってきたら、まったく別のジャンルの仕事をして気分転換をする」という流れで仕事をこなすのです。つねに脳はフル回転して、最大限の能力を発揮することができます。

さらに、1日のうちに、この90分を3回繰り返すのが理想です。できれば、10分程度の休憩をはさみながら午前中に3セット。

それが難しいなら、午前中2セット、昼休みにリフレッシュして午後に1セットでもいいでしょう。

この「90分3本勝負」を生かせば、仕事のリズムも上がり1日が最も効率的に使えるのです。

仕事の組み立て方

1日の仕事は90分×3本勝負

WORK

1本目

90分

企画書
づくり

WORK

2本目

90分

アポ取り

WORK

3本目

90分

打ち合わせ
資料の確認

- 午前中に90分を3セットが理想的
- ひとつの仕事に行き詰ったら、別な仕事を

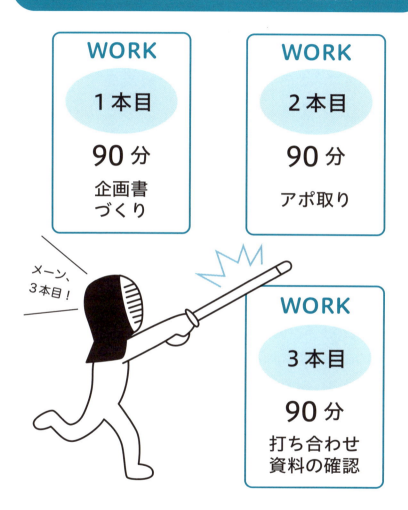

10

午前中にピークを持ってくれば、仕事が超はかどる

ピークを知れば仕事の効率も飛躍的にアップ

人間の脳や体が最も活発になる時間、それは朝です。

脳の活動のピークは午前中に訪れます。それを考えた上で1日の計画を立てることが重要です。

朝を制する者は1日を制するのです。

では、なぜ午前中なのでしょうか。

「サーカディアンリズム」という言葉があります。「体内時計」と訳されることもありますが、人間の体が持っている1日周期のリズムのことです。

1日24時間の中で、体温やホルモンなどが決まったリズムで調節され、活動的な時間帯や、そうでない時間帯が毎日一定の周期で訪れるのです。

これをもとに考えると、脳が最もよく活動するのは、間違いなく午前中なのです。

さらに言えば、脳は最も深い部分から少しずつ段階的に覚醒し始め、起床後2時間くらいから最も活発に動き始めます。だから、午前中に効率的に仕事しようと思えば、逆算して、理想的な起床時間もわかるというわけです。

たとえば8時からバリバリ働こうと思う人は6時に起床するのが理想です。

あるいは、9時出勤の人なら、7時には起きるように習慣付けるといいのです。

もちろん、何時頃が自分の仕事のピークかは、人によって異なる場合もあります。

自分を客観的に見て、1時間単位で自己評価して、何時頃が自分のピークかを把握してください。

56ページのチェックシートで自分のピーク時間を見つけましょう。自分のタイプを知って、時間を意識的にコントロールすることを習慣付けてください。

時間管理の基本

自分のピークとタイプを知る

〈 集中力とやる気のピーク 〉

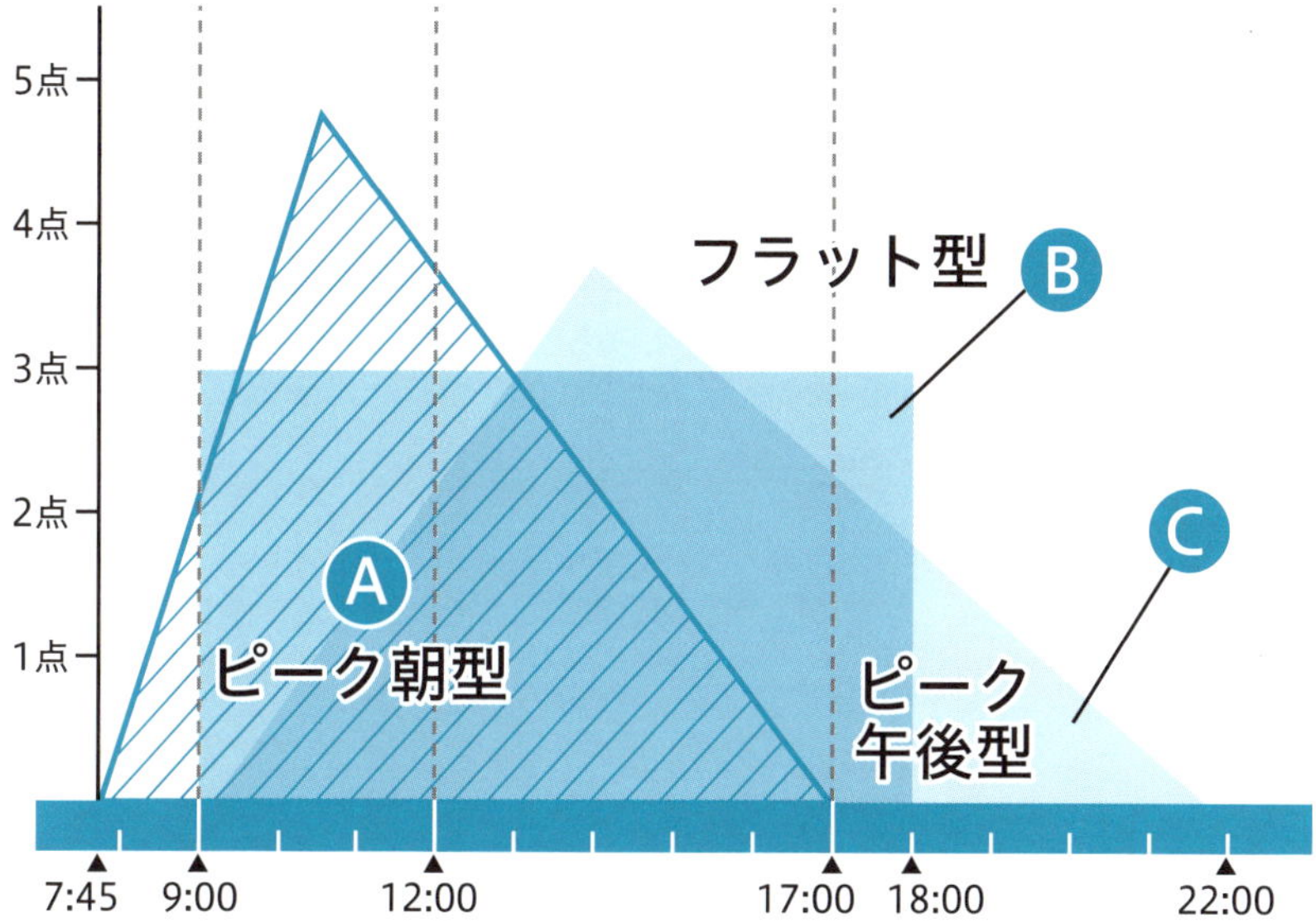

理想はⒶのピーク朝型。
大企業の役員クラスは、ほとんどこの型。
職種によっては、Ⓑのフラット型、
Ⓒのピーク午後型が良い場合も。

- 集中力とやる気をピーク時に合わせて高める
- Ⓐピーク朝型がいちばん仕事の効率がいい

11

「予測時間」を決めて仕事を始めよう

人間が最も集中力を発揮するのは90分だということは、すでに述べました。

その90分という限られた時間を、最も有効活用するコツがあります。

それは「デッドライン」、つまり締切りを設定することです。デッドラインがあれば、人はそれに向かって集中力を発揮します。

ということは、脳の働きもそれに向かって最高潮に達するということです。

しかし、だからといってデッドラインは90分後である必要はありません。

たとえば10分後や15分後でもいいのです。「10分でここまでやろう」と決めて、それに向かって集中する。それがうまくいけば、10分後には、何かひとつのことが確実に完成します。

短くても時間を区切れば仕事がはかどる

そして、さらに次の10分後に、また新たなデッドラインを設定するのです。

そうやって「短いデッドライン」で小さな結果を積み上げていき、最終的に合計90分で、大きな成果が出るように計画を立てるわけです。

もしもデッドラインを設定しなかったらどうでしょうか。

いつまでも時間があるように錯覚し、なかなかひとつの成果にたどり着くことができません。

あるいは、あれもこれもと手を広げてしまい、いつまでたっても結果が見えてきません。結局は90分という時間が、無駄になることもあります。

デッドラインは、つねに脳を最高の状態で働かせてくれます。仕事が終わる時間を予測し、意識することで最高の成果を手にすることができるのです。

締め切りの設定

90分のデッドラインを設定する

〈 デッドラインがある 〉

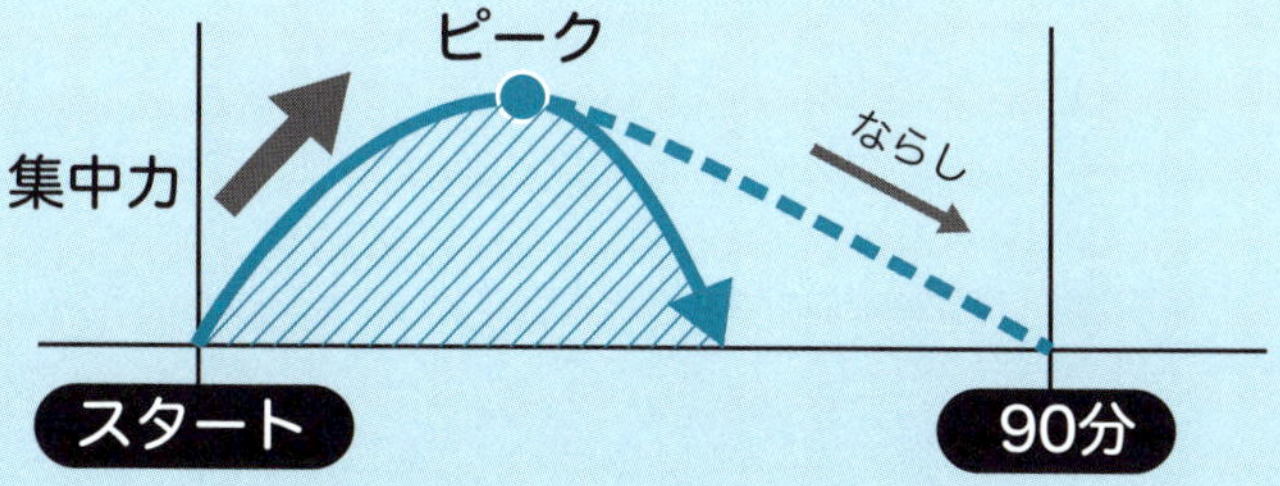

集中力が高まり、90分の手前で仕事が片付くようになる。
残り時間は"ならし運転"で。

〈 デッドラインがない 〉

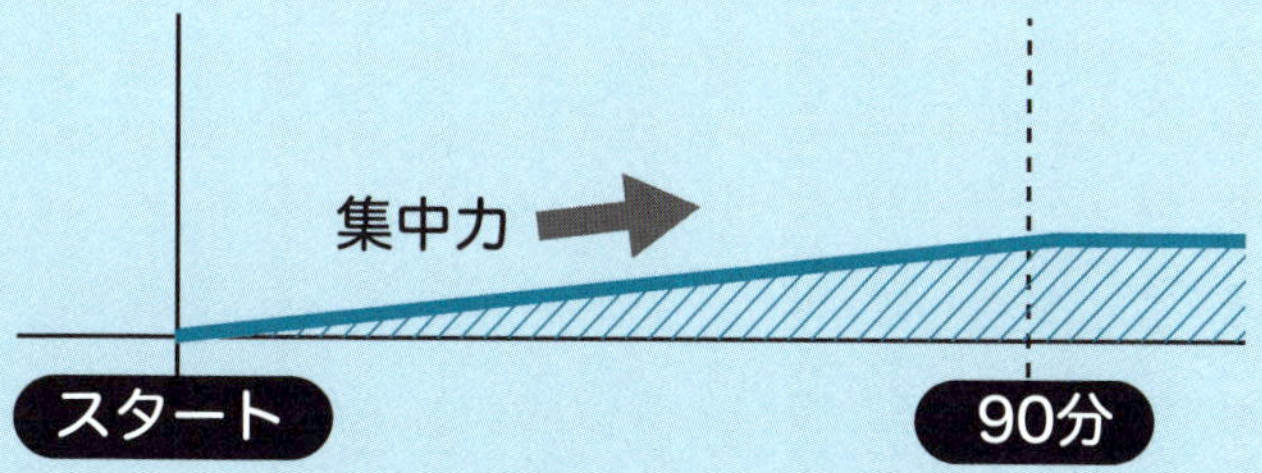

ダラダラと仕事してしまう。
集中力も低く、仕事のクオリティも低い。

- デッドラインの設定で大きな成果が出る
- デッドラインは10分後、15分後でもいい

12 仕事の1番目を見つける「3D優先順位」の立て方

正しい優先順位を見つけられない人は時間を無駄にする

朝、必ず最初にするのは、「To Do リスト」、つまり「やるべき仕事」のリストを作り、それにプライオリティ（優先順位）を付けることです。

そして、自分のエネルギーがピークのときに、「その日の最優先の仕事」に取り組めるように1日の計画を立てるのです。

最優先の仕事は、間違いなく、その日のうちに完成させなければなりません。しかも、完成度が高くなければなりません。それを確実に実践するための「To Do リスト」なのです。

だから、優先順位は適当であってはなりません。必ず、「難易度」「重要度」「緊急度」の3要素で考えて、正しく割り出してください。

優先順位が正しくなければ、1日の仕事の効率が悪くなり、計画を立てる意味がなくなります。

もちろん、1日のうちには、エネルギーが低下する時間帯もあります。そこに、あまり重要ではない仕事をもってきて、1日のメリハリをつけるのです。

また、昨日1番目だったものが、今日も1番目とは限りません。昨日は最優先だった仕事が今日は優先順位が下がる、ということもよくあります。

その日の状況によって、最優先で仕上げなければならない仕事は変わります。状況は日々変化するのだから、優先順位も変わるのが当然です。

だから、誰もがやりがちなことですが、「昨日やり残した仕事があるから、それを今日の最優先にしよう」という考え方は禁物です。

あくまでも、その日その日の優先順位を考えることで、その日の最も効率的で有意義な仕事の並び方が決まるのです。

1日の仕事の優先順位

難易度・重要度・緊急度を3Dで考える

今の仕事はどの位置にある？

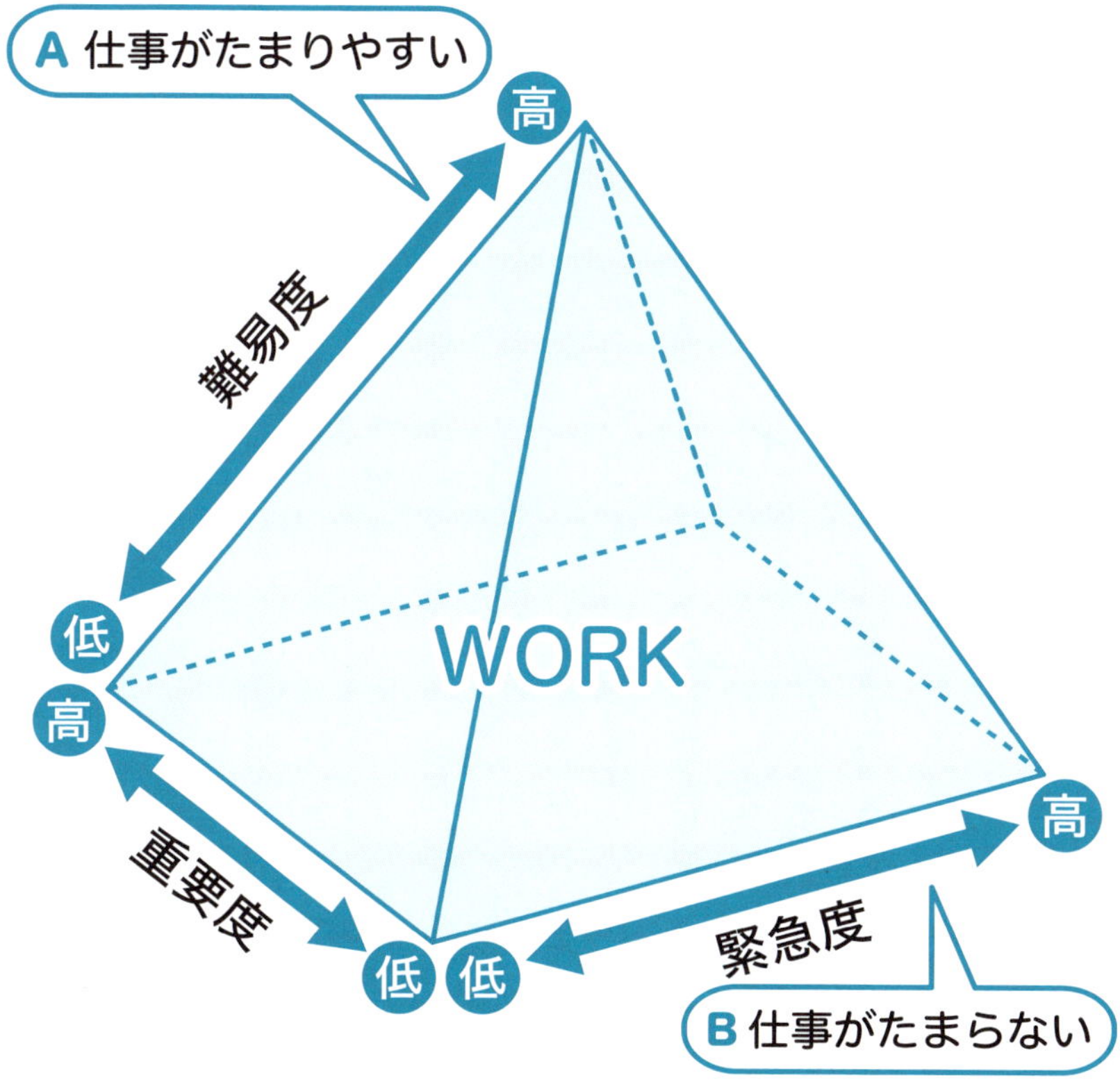

A 難易度・重要度の高い仕事は、たまりやすいので要注意

B 緊急度の高い仕事は、やらざるを得ないのでたまらない

13

「何をするか」5割、「何をしないか」5割で効率は10倍UP

「やらなくてもいいこと」に費やす時間の無駄をなくす

その日に自分がやるべき仕事をリストアップするとき、必ず考えてほしいことがあります。

それは、「To Do リスト」を作って、「今日、何をするか」だけではなく、「今日、やらなくてもいいものは何か」も同時にリストアップする、ということです。

90分という限られた時間の中で、大きな成果を出そうとする場合、最も足を引っ張るのは、「やるべきではないもの、やらなくてもいいものに費やす時間」です。

多くの人は、仕事の流れの中で、つい無駄なことをしてしまいます。

必ずしも今それをやらなくてもいい仕事であっても、「ついでだから」といった理由で、思わず手を出してしまいます。それは大きな落とし穴です。

時間を効率よく使うためには、「やるべきことをやる」だけでなく、「やらなくてもいいこと、やるべきではないこと」には絶対に手を出さないことも重要です。

だから、「何をするか？」だけでなく、「何をしないか？」を明確にしておきます。ここで大切なのは、必ずその理由も考えるということです。

「これは明日以降にまわしても問題ない」「これは今やっている仕事には直接関係ない」など、具体的な理由を確認することで、自分の「やらない」という意志が強くなります。

1日の仕事を組み立てるときに、5割を「何をするか」について考え、残り5割を「何をしないか」について考えておくことで、仕事の効率は10倍UPします。

仕事の効率化

今日やらなくてもいいリストをつくる

〈 Not To Doリスト 〉

年　　月　　日

タスク	やらなくていい理由
□ A社　見積もり	来週でも間に合う
□	
□	
□	
□	

〈 To Doリスト 〉

年　　月　　日

タスク
□ B社　資料づくり
□ ○○さん　打ち合わせ
□ 定例ミーティング
□
□

- **毎日、同じことを最優先にしない**
- **To Doリストで「その日の１番」を選ぶ**

14

「逆算思考」で確実に結果を出す

仕事を全体像でとらえるとやるべきことが具体的に見える

「To Do リスト」もできたし、優先順位も決めました。あとは実際に仕事に取りかかるだけです。そのとき、ぜひ考えなければならないことがあります。

それは「大きな目標達成のための具体的な目標を立てる」ということです。

多くの人は漠然《ばくぜん》と「目の前の小さな仕事を積み上げて、そのうち大きくしていこう」考えがちです。

しかし、それではどこに向かって進めばいいかわかりません。最終的な目標が見えてないのです。

だから、つねに「大きな目標は何か？」を意識することが重要になります。大きな視点で仕事をとらえるのです。

たとえば、「前年比150％の売り上げを獲得する」という大きな目標を立てたとします。

まずやるべきことは、現在の顧客に対して、契約更新を確実に行なうことです。

ただし、前年と同じ契約内容では、売り上げの前年比も同じです。そこで、顧客1社に対してさらに大きな契約を結ぶという目標ができます。

しかし、それでもまだ前年比150％には届かなければ、新規顧客の開拓をしなければなりません。

そこで、「あとどれくらい足りないか？」を考えます。そこから、新規顧客をあと何社増やせばいいか、新規顧客に対してどれくらいの契約内容にすればいいかが割り出せます。

それが、新たな目標になるのです。

「前年比150％」という大きな目標が見えていれば、「今、具体的に何をすればいいか」が明確に見えてきます。この逆算思考で、仕事のスタートラインに立てば、確実に結果を出せるようになります。

計画の立て方

大目標から順を追って考える

大目標

前年比150%の売り上げ

現在の顧客だけでは
足りない

新規顧客の開拓

具体的目標

新規顧客はあと何社？
１社いくら？

- つねに最終目標を頭に入れておく
- 具体的な目標からスタートする

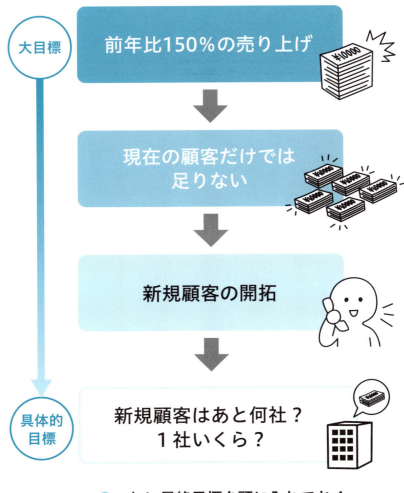

15

雑用から学べる人と学べない人との差は大きい

マクロな目で俯瞰して仕事に取り組む

仕事を効率的にこなし、限られた時間を少しでも有効活用するためには、つねに「先のことを考えて、やり残しをなくす」ということが重要です。

人はどうしても目先のことだけを考えがちです。仕事も、目の前のことをやってしまえば、それで満足してしまいます。

しかし、目の届く範囲だけでは、意外と狭いところしか見えていないこともあります。気が付かないところにすき間、つまり、やり残しがあるのです。

それをなくすためには、部分的に見て判断するのではなく、つねにマクロな目で俯瞰《ふかん》して、すき間が無いようにする必要があります。

言い換えれば、「その仕事は、どんな大きな目標につながっているのか」を、つねにチェックするということです。

たとえば「会議の出席人数分のレジュメを用意する」という仕事があるとします。

狭い範囲でしか考えない人は、人数分の書類をコピーしてレジュメを作っただけで終わりにします。確かに、言われたことは、きちんとできています。

しかしマクロな目で俯瞰できる人は、それだけでは終わらせません。

言われていなくても、作ったレジュメを会議室に運んで机の上に1部ずつ置いていくところまでやります。そうすれば、無駄な時間もなく、すぐに会議が始められます。

マクロな目で俯瞰すれば、小さな雑用にも意味があることが学べるはずです。こういうときに何も学べない人との差は、やがてとても大きなものとなっていくのです。

無駄な時間のなくし方

先のことを考えてやり残しをなくす

与えられたタスク

＝

会議の出席人数分のレジュメを用意

狭い範囲でしか考えない人

レジュメを人数分
コピーしただけ

マクロな目で俯《ふ》瞰《かん》できる人

レジュメを
会議室の机の上に
1部ずつ置く

- 狭い範囲で仕事をとらえると仕事に隙間ができる
- マクロな目で俯瞰して仕事の隙間をなくす

16

「図解力」は思考力・伝達力を劇的に高める

ビジュアル的に全体を見渡せば、頭が整理される

頭が混乱して、仕事がなかなか前に進まないことがあります。そんなときは、自己流で図解してみることで、道が開けることがあります。

その具体的なスキルを紹介しましょう。

❶クロノロジカル・メソッド

これは時間の流れに沿った情報整理です。

物事の「推移」や「変化」、あるいは「手順」「ステップ」、さらには「優先順位」「展開」「予測」というように、時間の経過とともに変化することを線や矢印で図解する手法です。これにより、物事の「因果関係」も読み取れます。

❷スペーシャル・メソッド

これは空間的に情報を整理する手法です。

「構成」「関係」「割合」、あるいは「組織」「システム」といった言葉をもとにして、頭の中にあるものを立体的に組み立てます。ここからは「バランス」や「対比」、「反意」や「因果関係」などが見えてきます。

❶でも❷でも、図解する場合には、まず大きな流れをとらえることから始めましょう。

到達したい結論を最初に大きく示すのです。そしてキーワードを確認しながら、結論までのひとつの大きなストーリーを描くことがコツです。

どこに向かって伸びていく階段なのか、どんなふうに伸びていく階段なのか。その全体像を思い描き、全体を俯瞰する大きな視点を持って、階段を最初の1段目からつくっていくのです。

といっても、簡単なことではありません。そこで、これらのメソッドを利用して、実際に自分で手を動かして、紙の上に表現してみてください。思考力や伝達力が劇的に高まるはずです。

仕事の図解スキル

時間と空間を使った2つの図解方法

大きな流れをとらえ、ストーリーを描く

〈 クロノロジカル・メソッドの例 〉

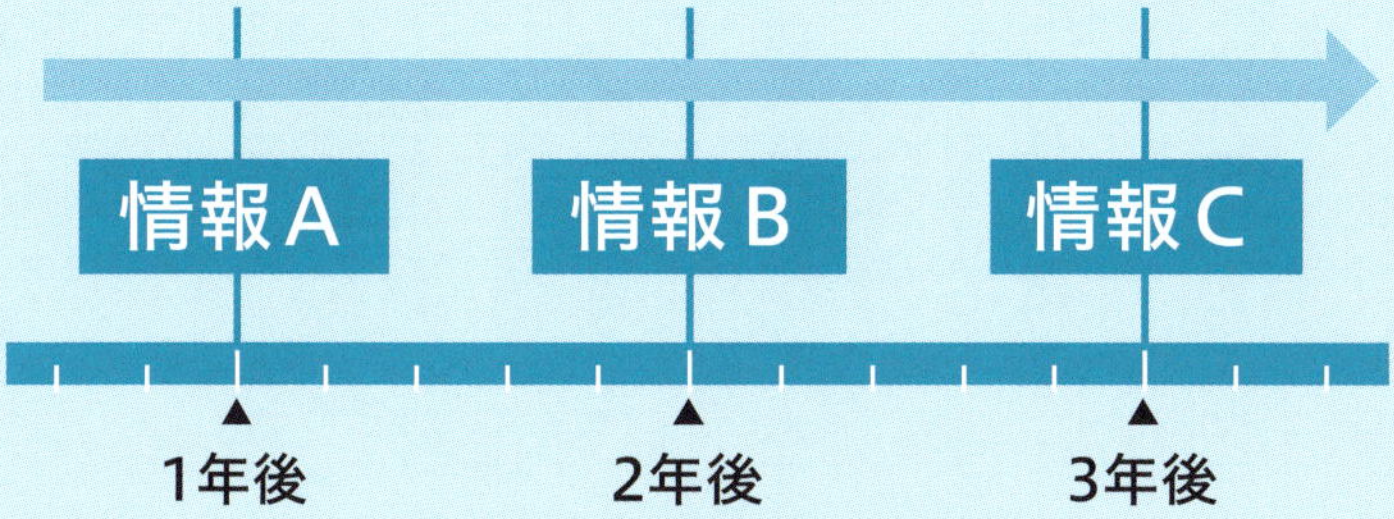

時系列で時間を整理。
「推移」「変化」「手順」などの説明に使う

〈 スペーシャル・メソッドの例 〉

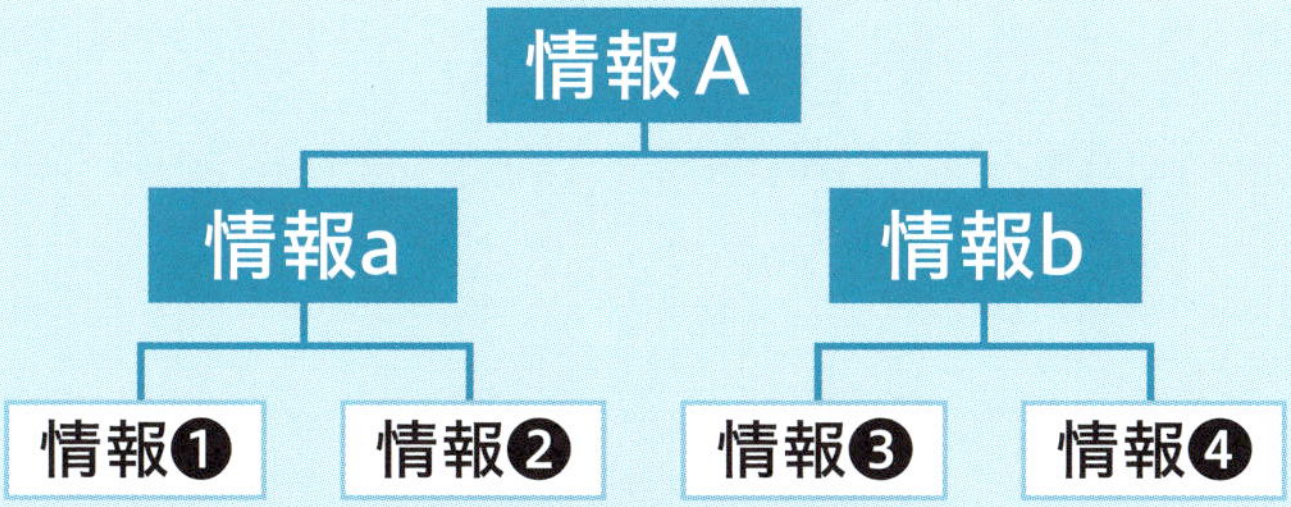

空間的に情報を整理。
「構成」「階層」「組織」などの説明に使う

17

今できる最善の仕事は「パーフェクト」ではない

パーフェクトよりも「ベストを尽くす」ことが重要

仕事は、つねにパーフェクトでなければならないと考える人がいます。

真面目な人ほど、何ひとつ漏《も》れがないように心がけ、完璧な結果を出すことにこだわります。

しかし、じつは、「パーフェクトを目指さないこと」が大切なのです。

仕事は、いつも最高の結果になるとは限りません。すると100%パーフェクトを目指していた人にとって、90%の結果は失敗ということになります。

そうなると、その90分にやったことは汚点になり、自信喪失につながります。90%も達成したにもかかわらず、自分としてはマイナスの評価になり、その時間が無駄になります。

そう考えると、「ベストを尽くす」という姿勢のほうが、はるかに前向きです。

90%でも十分だと思えば、その時間は、無駄になりません。

もちろんベストを尽くしさえすれば結果はどうでもいい、というわけではありません。やはりある一定の基準を満たしていなければ意味がありません。

重要なのは、「もう少し時間があれば、もっと良い結果になったはず」とクヨクヨ考えないことです。

90分という時間の中で、自分が最善を尽くした結果、どこまで到達できたのかを自己評価するのです。

少し離れてみて、大きな視点で、自分がやった仕事を振り返り、冷静かつ客観的に「達成したところ」と「達成できなかったところ」を見極めるのです。その自己評価が、次の新しい目標を生み出します。

つまり、その客観的な視点が自分を成長させるのです。

仕事の自己評価

パーフェクトを目指さないこと

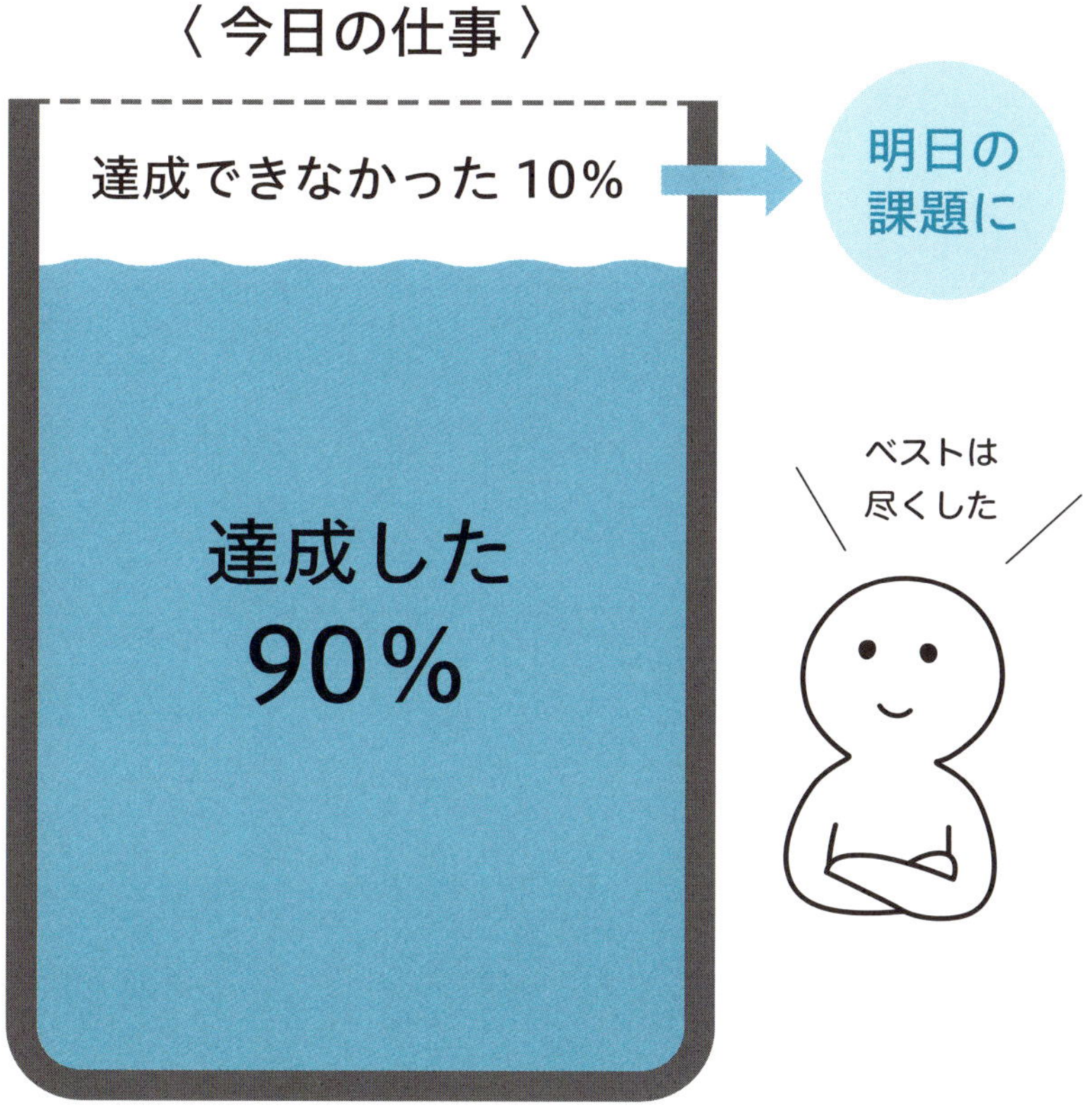

- 仕事はパーフェクトよりベストを目指す
- 結果は必ず自己評価する

18

「時間の見積もり方」にはちょっとしたコツがある

正しい「見通し」が立てられれば仕事の生産性が上がる

時間プランニングをするうえで、とても重要なスキルのひとつは、「その仕事にどれくらいの時間がかかるか」を予測する能力です。

仕事にかかる時間が推測できなければ、計画の立てようがありません。

逆に、それが正確に予測できれば、朝から夜までの流れを見積もることもできるのです。

さらにいえば、仕事にかかる時間を正しく予測できるということは、その仕事の手順や段取りがわかっているということでもあります。

だから、仕事の所要時間を予測しながら、同時に、その段取りの再点検もできます。

まさに、一石二鳥です。

この「時間の見積もり方」を身に付けるためには、ちょっとしたコツがあります。

たとえば、車の運転をしてどこかに向かう場合、途中の交通渋滞などを予想して、だいたい何時に目的地に到着するかを考えて予測を立てる。日頃からこうしたトレーニングをするのです。

レストランで料理が出てきたら、どれくらいの時間で食べ終えるかを考えて、予測を立てる。そんなことでもいいのです。

こんなトレーニングを重ねることで、仕事に対しても予測を立てることができるようになります。そうなれば、1日の仕事の流れを組み立てられます。

こうした見積もりができれば、具体的に何をしていけばいいか、細かい段取りが見えてきます。

そうすれば、時間の無駄がなくなったり、足りなくなったりしないので、1日を、とても有意義に使いこなせるのです。

仕事時間の予測法

仕事の流れを組み立てるトレーニング

車の運転

交通渋滞は？
時速何キロで走っている？
目的地までの距離は？

- 「どうやって（HOW）」を具体的に考える
- 見積もりができれば、段取りが見えてくる

19

仕事の計画がうまくいくと残業はゼロになる

なぜ時間が足りないのかを検証してみよう

成功する資質を持った人は、残業をしません。退社時刻にきちんと帰ります。

定時に退社することが当たり前という人こそが、確実に成功への道を歩いています。

残業しなければならない理由は、仕事が時間内に終わらなかったからです。

その原因のひとつは、自分にスキル、能力がなかったということです。

「自分なら、この仕事は、これくらいの時間で片付けることができるだろう」と考えていたのに、実際には能力がなくて完成しなかった。実力不足だったわけです。

別の原因は、時間管理の読みが外れたということです。「この仕事は、これくらいの時間で終わらせることができるはずだ」と考えて計画を立てたのに、うまくいかなかった。

要するに、時間管理に失敗したということです。

いずれにしても、無駄な時間をダラダラ過ごし、その結果として残業しているというケースがほとんどなのです。

では、残業をしないのは、どういう人でしょうか。

言うまでもなく、仕事のスキルや能力を持っている人です。

そして、「これだけの時間内に、これだけの成果を出せるはずだ」というように、時間管理に関しても正確な人です。

こういう人は、無駄な残業をしません。

残業をしないというのは、仕事の計画がうまくいき、時間の無駄遣いをせず、決まった時間内で大きな成果を出せるということなのです。

成功への道

成功する人は定時で退社する

成功する人 → 定時で退社

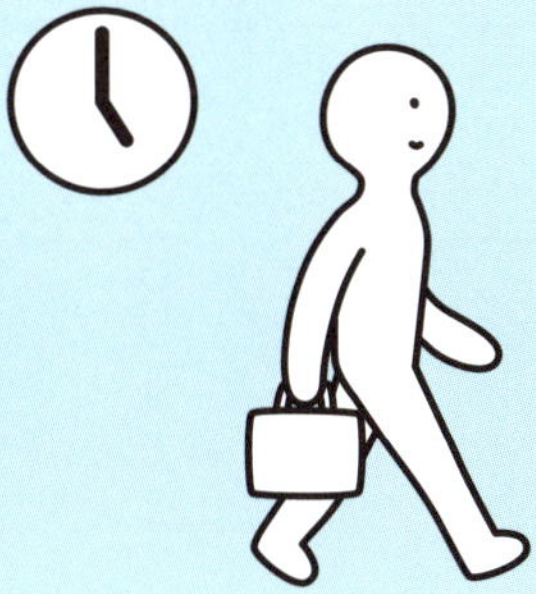

仕事のスキル・
能力を持っている。
時間管理が正確に
できている。

成功しない人 → ダラダラ残業

仕事のスキル・
能力が足りない。
時間が読めず、
無駄に時間を使う。

- 残業は「時間管理の失敗」が原因
- 「定時で退社」こそが自分の実力の証明

20 時間が見える人、見えない人との差とは？

不要な時間を見つけ出して有意義な時間に変えよう

まるで口グセのように「忙しい」を連発する人がいます。

忙しいことが苦痛に思う理由は、何のための忙しさなのか？　どんな結果につながるのか？

もっと言えば、どんな階段を上り、どんなステージにたどり着けるのか？　その具体的なビジョンが見えてこないから苦痛なのです。

逆に、その具体的なビジョンがはっきりしていれば「忙しい」とは思いません。

自分の最終目標がはっきりしていて、しかもそれに到達するためにはどんな階段をひとつずつ上っていけばいいのか、それが明確にわかっていれば、忙しさは感じないはずです。

そのためには、不必要な要素を、生活から切り離すことが重要です。「不必要なことなのにやっている」という感覚が、つまり「忙しい」と感じる要因だからです。

それがなくなれば、たとえ忙しくても、その忙しさが「楽しさ」に変わります。

そのために、ぜひ利用したいのが、スマホの時間管理アプリです。

現在、スマホでは、「Time Note」「Ｔｏｇｇｌ」「Ｈｏｕｒｓ」といった、数多くの時間管理アプリが使えます。

これらのアプリで、仕事の時間はもちろん、睡眠や食事の時間まで把握できて、自分の生活の中の「不必要な時間」を発見できます。

アプリを使えば「時間が見える人」になれます。そうした人は「無駄な時間」のない、本当に張り合いのある毎日を送れるようになるのです。

不要な時間の見つけ方

アプリを使って自分の1日を把握する

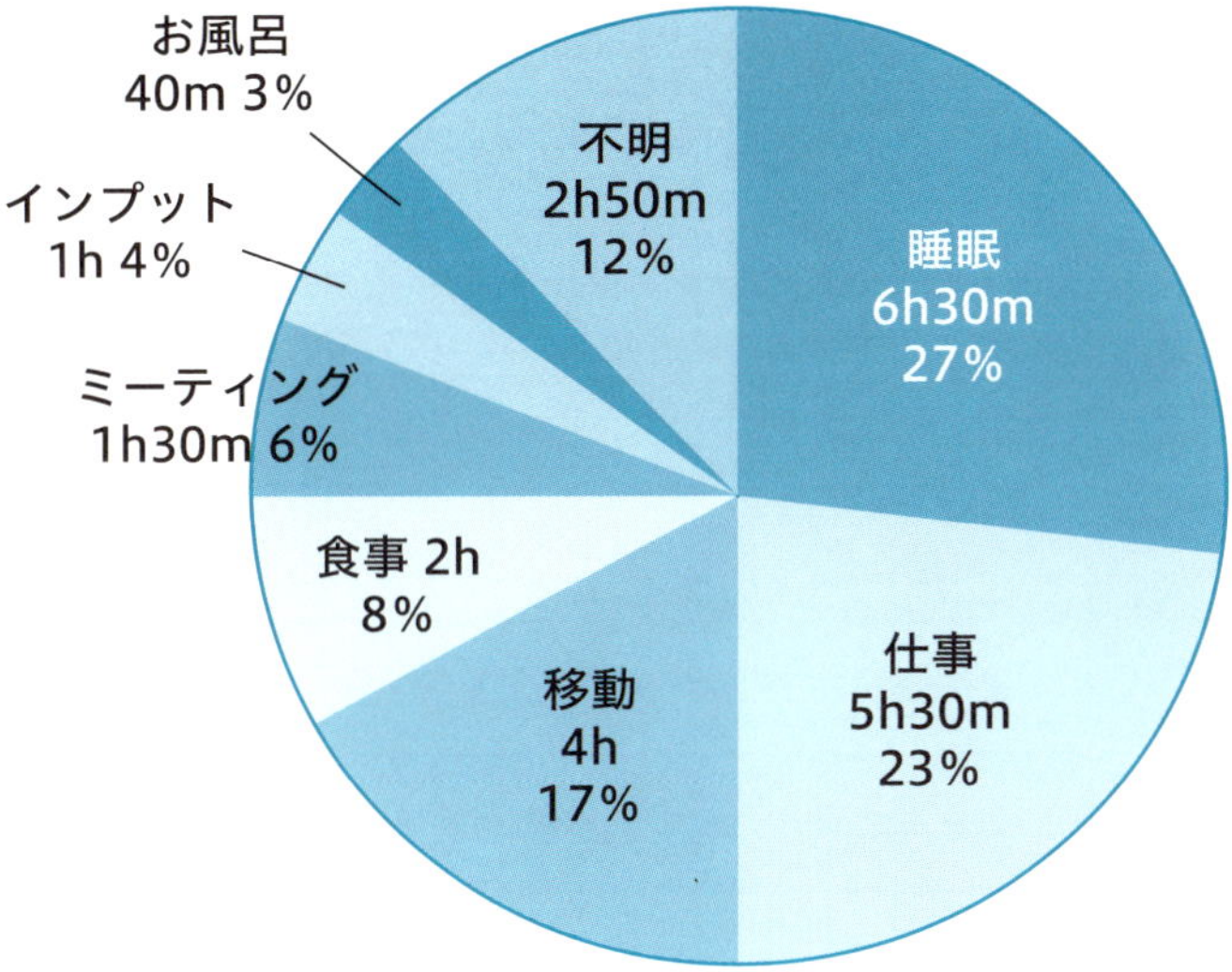

アプリを使うと
自分の時間の使い方が
円グラフでわかる

時間管理系アプリ

Time Note、Toggl 、Hours など

自分のピーク時間を知るチェックシート

脳のピークは午前中に訪れる

		月曜	火曜	水曜	木曜	金曜
	5時					
朝	6時					
	7時					
	8時					
	9時					
	10時					
	11時					
	12時					
	13時					
昼	14時					
	15時					
	16時					
	17時					
	18時					
	19時					
	20時					
	21時					
夜	22時					
	23時					
	24時					

5点……とても集中している
4点……集中している
3点……まあまあ集中している
2点……あまり集中していない
1点……集中していない

5段階評価で自己採点してください

第3章

「楽しくてしょうがない」1日の作り方

「やる気が倍増する」時間ルール

「やる気が倍増する」時間ルール

のチェックポイント

時間の使い方次第で、人生の充実度は大きく変わります。最高の1日を過ごすために、朝起きてから夜寝るまでに何をするべきかを学びましょう。

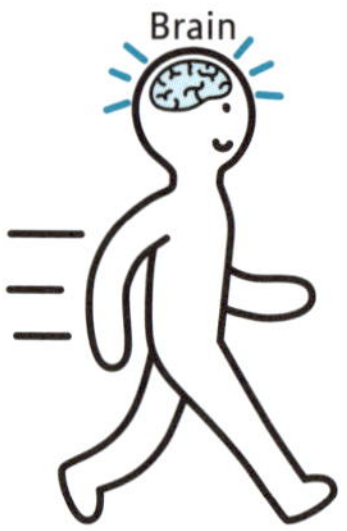

Key Phrase

すばやく脳を活性化させる

脳の仕組みを知り、
エンジンをかけるコツを知ろう

Check ➡ 21、22

Key Phrase

睡眠を侮らないこと

目覚め、パワースリープ、
就寝の時間を大切にしよう

Check
➡ 23、24、25、26

Key Phrase

移動時間も有効活用する

ダラダラと過ごしがちな
空き時間を
意味のある時間にしよう

Check ➡ 27

Key Phrase

「ルール化」で仕事時間を短縮する

考えなくても行動できる
「ルール化」を身に付けよう

Check ➡ 28、29

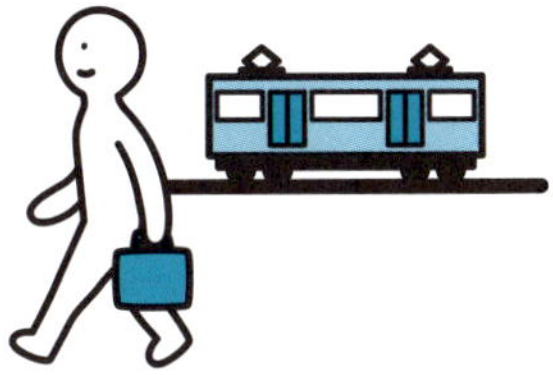

Key Phrase

接待・飲み会は「22時まで」と心得る

充実した朝を迎えるために
ダラダラ飲むのはやめよう。

Check ➡ 30

21

脳が突然全開する「朝のちょっとした儀式」

脳と体を活性化させるウォーキングのススメ

最高の1日にするためには、まず気持ちよく目覚めることが大切です。

しかし、朝起きてすぐにエンジン全開にできる人はいません。体は起きても、脳はまだ眠った状態です。気分も爽快《そうかい》ではありません。

そこで、気持ちよく起きるために、ちょっとした「儀式」を行ないます。「これさえやれば間違いなく脳と体が突然全開する」という、自分なりのスタートダッシュの方法です。

好きな音楽を聴くことでもいいし、1杯のオレンジュースでもいいでしょう。

私のおすすめは、野外のウォーキングです。

脳を目覚めさせ、体を活性化させるためには、うってつけの方法です。

なぜならば、日光を浴びることでメラトニンというホルモンの分泌が抑制されるからです。

メラトニンは眠りを誘うホルモンです。これが抑制されれば、人は本当に目を覚まし、脳と体が生き生きとしてくるのです。

また、手足の動きをコントロールしている脳の部位は、脳の上部にあるといわれています。だから、足を動かして歩くことで、脳全体が刺激されるというわけです。

そして、屋外を歩けばいろいろな情報が脳に集まります。脳の中心だけ覚醒していた状態から、脳全体が生き生きとした状態になるのです。

小一時間も歩いていれば、脳の働きはピークを迎えます。

これで間違いなく、気持ちのよい1日のスタートが切れるのです。

気持ちよいスタートを切る方法

朝のウォーキングは脳を活性化させる

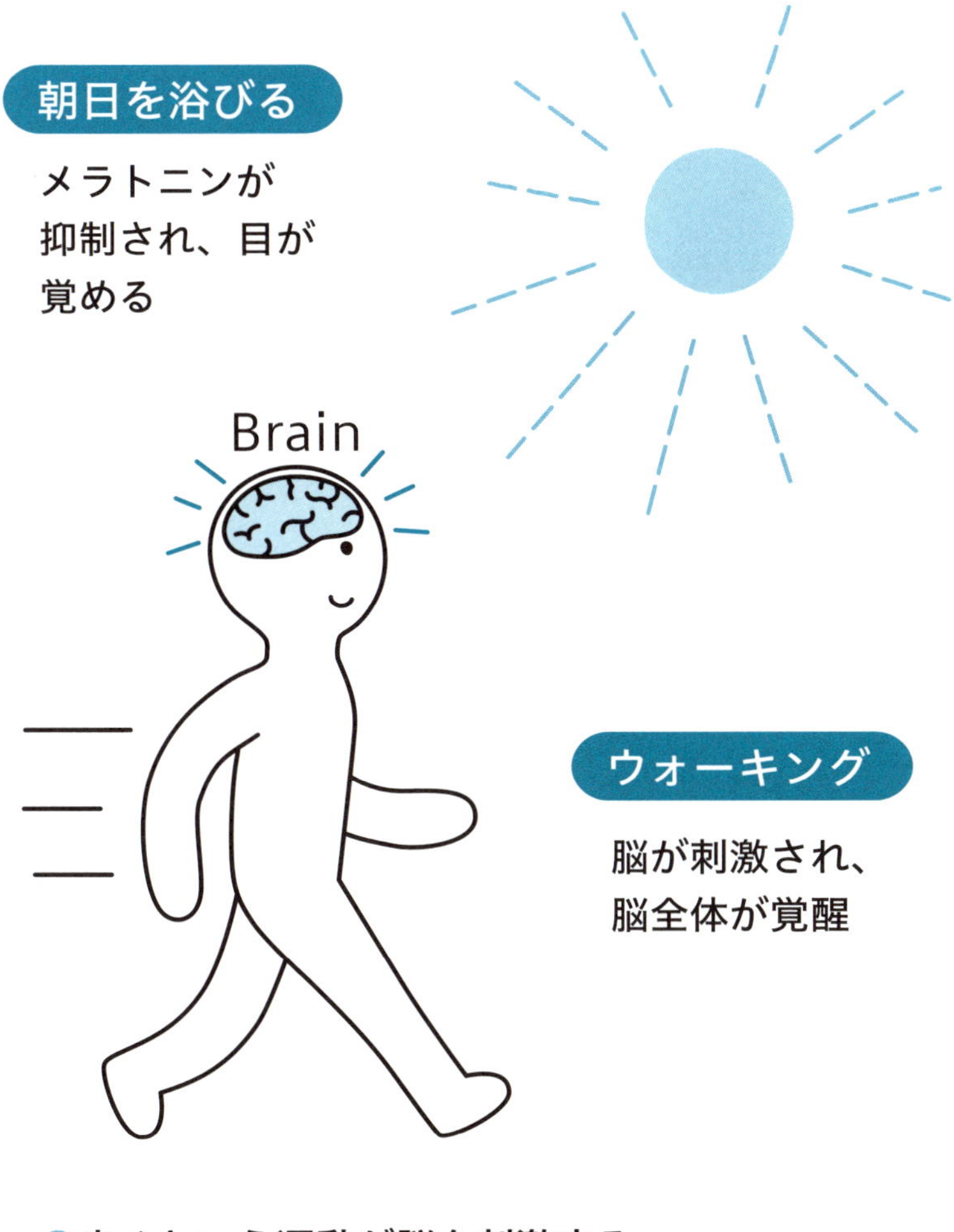

- 歩くという運動が脳を刺激する
- 「儀式」をすると、脳と体にエンジンがかかる

22

自分を褒めると理想の自分に変身していく

ドーパミンを分泌させてやる気を引き出す

さあ、エンジンがかかりました。頭はフル回転しています、体も絶好調、いい仕事ができるのは間違いありません。

そんなとき、ぜひやってほしいことがあります。「やる気」、つまり仕事への意欲を、ピークにまで高めることです。特に、最も仕事がはかどる午前中に高めることが重要です。とはいえ、自分でやる気を出すのは、なかなか難しいことです。

絶対的に有効な方法は、ふだんやらない努力をして、そんな自分を褒《ほ》めることです。

どんな小さなことでもかまいません。たとえば、いつもはエスカレーターを利用している駅で、あえて階段を上ってみる。しかも、駆け足で一番上まで上る。疲れるのは当然ですが、ふだんやらないことをやったことの達成感があります。

そんな自分を「よくやった」と褒めるのです。あるいは、ひとつ手前の駅で電車を降りて、ひと駅分を歩くのもいいでしょう。

軽い運動を日課にしている人であれば、たとえば、いつもは10回やっている腕立て伏せを、11回やる。たった1回でも、体にはかなり大きな負担がかかります。しかし、だからこそ達成感があるのです。

「よくやった」と褒めてあげることで、「やる気」が倍増されます。

ひとつの達成感を感じることで、脳が刺激され、ドーパミンが分泌されます。これが、やる気を生み出すのに絶大な効果があるのです。

「やる気」が倍増すれば、仕事の成果も上がります。夢や目標へ近づくスピードも速くなり、やがて理想の自分へと変身していくのです。

仕事への意欲を高める方法

普段やらない努力をして自分を褒める

メソッド1

エスカレーターを使わないで階段で上る

メソッド2

ひとつ手前の駅で降りて、ひと駅分歩く

メソッド3

いつも10回やる腕立て伏せを11回やる

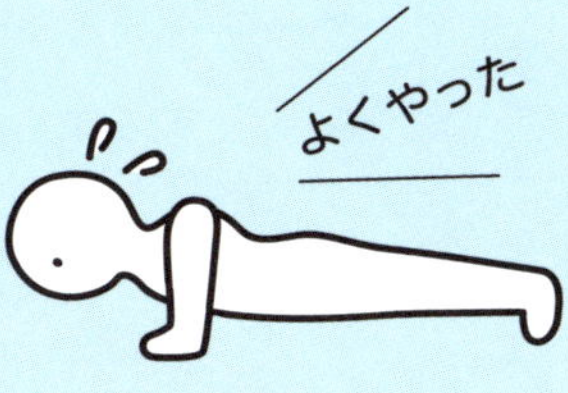

- 達成感を感じると、脳内でドーパミンが分泌する
- ドーパミンの分泌が、やる気倍増のカギ

睡眠管理アプリは正しい眠りを教えてくれる

「良い仕事」には「良い睡眠」が必要だ

前述したように、人間の脳は、朝が最も活発です。場合によっては、午前中に、午後の2倍以上の仕事をこなすこともできます。

そのためには、気持ちよく目覚めることが重要ですが、大切なのは、きちんと眠る、質のいい睡眠を十分にとるということです。

そもそも、人がなぜ眠るのかといえば、「脳の休息」「身体の疲労回復」「健康の維持」のためです。

さらに医学的にいえば、「大脳を冷まし、脳の機能を順調に維持する」ことが目的だといわれます。

だから、充実した、質のいい睡眠をとることは、1日を効率的に働くために、どうしても必要なことになります。

とはいえ、ぐっすり眠って完全に回復するのは、簡単なことではありません。

そこで、睡眠管理のためのアプリを利用してみてください。正しい眠りも教えてくれます。

これは、自分の睡眠の流れや質を教えてくれるもので、枕元に置いて眠ると、翌朝には、眠りの深い・浅いや、レム睡眠・ノンレム睡眠の流れを、グラフにして教えてくれます。

現在、Sleep Meister や Runtastic など、多くのアプリが無料で利用できます。

これを見ると、自分がきちんと眠れたかどうかがわかります。また、自分が目覚めるのに最も適しているのが何時頃かも、およそわかってきます。

時間管理というと、起きている時間だけのことを問題にしがちですが、そうではありません。

睡眠も管理することで、まさに、24時間を無駄なく活用することができるのです。

睡眠の管理

時間管理アプリで自分の睡眠の質を知る

〈睡眠管理アプリで示された睡眠の質と時間のグラフの例〉

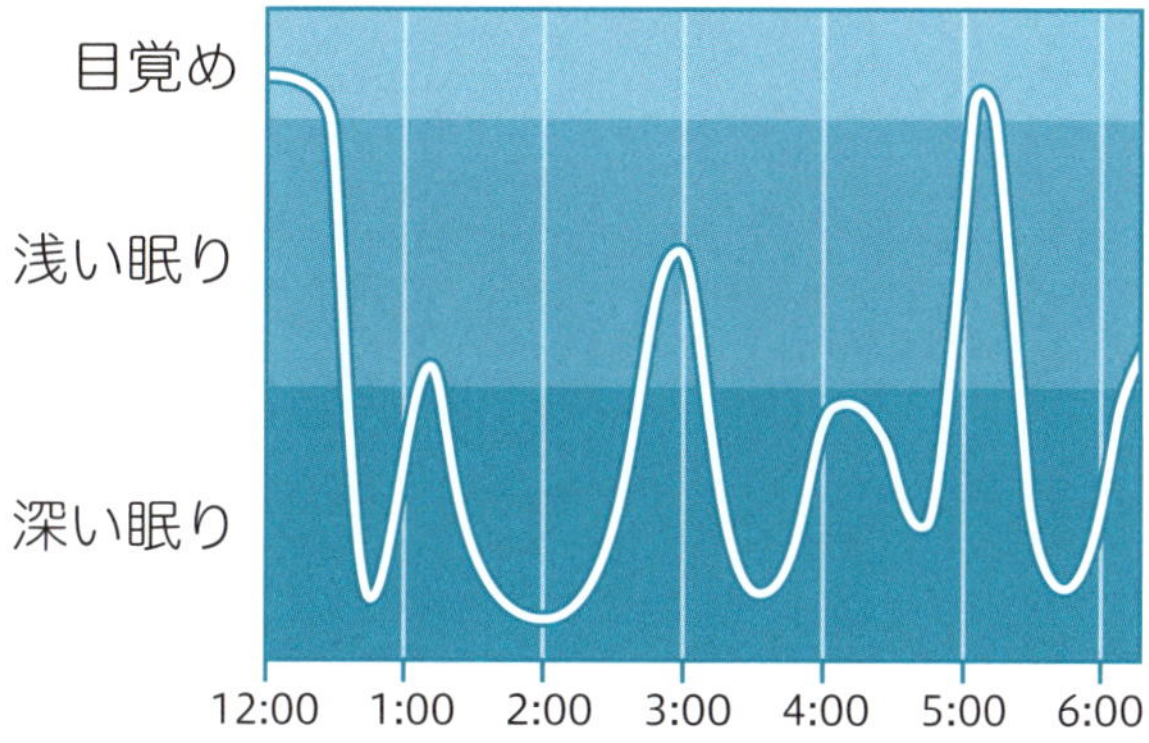

- **レム睡眠**…………浅い眠りの状態。脳は覚醒している
- **ノンレム睡眠**……レム睡眠以外の深い眠りの時期

※一般にレム睡眠とノンレム睡眠は1時間半の周期で交互に現れる

睡眠管理アプリ(無料)

Sleep Meister、Runtastic など

24

「パワースリープ」で午後も仕事がフル回転する

短時間の睡眠をする人は2度めのピークが手に入る

脳のピークは午前中に訪れます。

しかし、それで終わり、ではありません。じつは、午後に再び復活させることもできるのです。

そのカギが、昼休みです。昼休みに、短時間だけ眠ればいいのです。

場所は、カフェでもいいし、会社の休けい室でもいいでしょう。ただ、あまり寝心地のいい場所では、つい長時間眠ってしまうので注意してください。

昼食はとらないか、軽めにしましょう。

昼食をおなかいっぱいとってしまうと、頭が回復するのに時間がかかるからです。そして10分か15分だけ眠るのです。

それだけで、嘘のように体力が回復し、頭もスッキリしてきます。午前中のピークの状態が再び訪れるのです。

ある外国の医師が、この短時間の睡眠を「パワースリープ」と名づけていますが、まさにパワーをよみがえらせるための睡眠です。

昼寝から目覚めたら、いわゆる朝の儀式と同じことを繰り返してください。

まずコーヒーを飲むのもいいし、大好きな音楽を聴くのもいいでしょう。歩いたり、軽い運動をするのもいいでしょう。

これをパワースリープのあとにもう1度繰り返せば、また同じようにピークの自分が戻ってきます。ピークの状態になったら、あとは17時の終業時間まで、再び効率的に仕事をこなすことができます。

朝、スタートを切ったときと同じように、「集中力」と「やる気」がよみがえり、もうひとつ成果を上げることができるのです。

短時間睡眠法

「パワースリープ」で午後にもピークをつくる

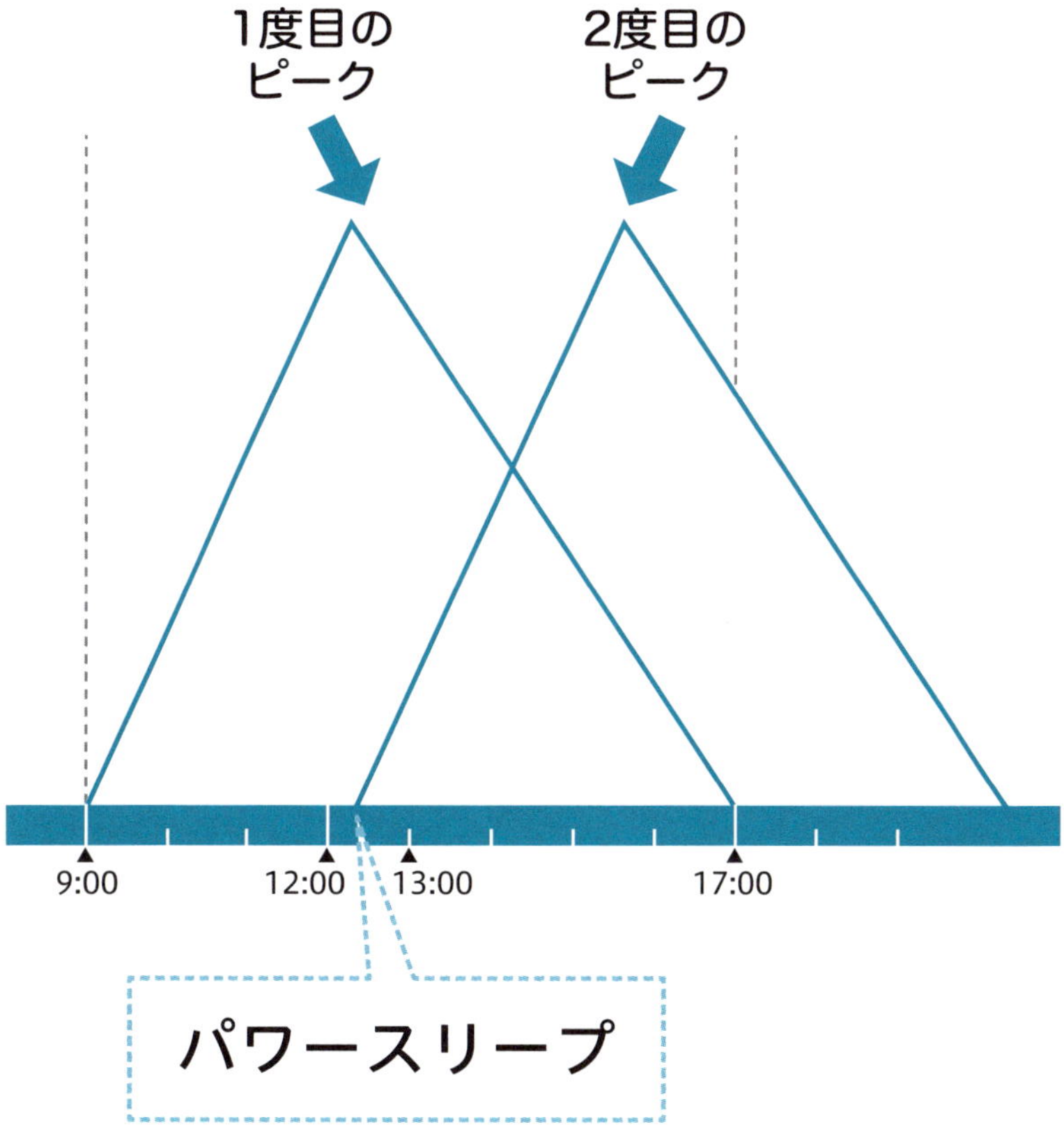

- パワースリープの時間は10分か15分
- パワースリープの後に、「儀式」をする

25 成功者は朝の目覚め方がとても上手

無理に二度寝をしないで思い切って布団を出る

人間にとって、朝は何時に目覚めるのが理想的なのでしょうか。もちろん人によって異なりますが、ひとつ確かなのは、多くの人が、ある誤解をしているということです。

たとえば、朝5時に目が覚めたとします。

ほとんどの人は、「今起きたら、1日中ずっと眠いだろうな。まだ眠る時間があるから二度寝しよう」と考えて、あらためて眠る努力をするでしょう。

しかし、実際には、なかなか眠れるものではありません。布団の中で悶々《もんもん》としたまま、無駄な時間を過ごしてしまいがちです。

では、どうすればいいのでしょうか。そんなときは、思い切って布団を出るのです。

もしかしたら、もう眠る必要がないから5時に目が覚めたのかもしれません。その時刻が、あなたの体にとって最も気持ちのいい目覚め時間だったのかもしれません。そう思えば、午前5時が、その日の理想の起床時間なのです。

体は正直です。だから、「目が覚めたときが、その日の目覚めどき」と考えても、まったく差し支えありません。

思い切って、発想の転換をしてください。

7時に目覚まし時計をセットしたからといって、絶対に7時まで眠らなければならないということはないのです。

早く布団から出て、もしも昼間、眠たくなったら、昼休みを利用して、元気を回復するためのパワースリープをすればいいのです。

成功者はこれを実践できています。彼らは皆、朝の目覚め方がとても上手です。

理想の起床時間

朝 5時に目が覚めたら、そのまま起きる

まだ 5 時

思い切って起きる

- 布団の中で二度寝するのは、時間の無駄
- 思い切って布団を出よう

26

あっという間に熟睡する魔法の寝方

気持ちのいい朝の目覚めが1日の活力を生む

理想的な睡眠をとるために不可欠なのは、気持ちよく寝付くことです。

快調な1日のスタートを切るための理想的な就寝時間は、22時です。

夜22時に寝付くことができれば、朝も気持ちよく目が覚めることができます。とはいえ、その時刻に気持ちよく寝付くのは、意外と難しいことです。

どんな人でも、あっという間に熟睡できる魔法の寝方を教えましょう。

それは背中のマッサージです。人に頼んでもいいし、マッサージの道具を使ってもいいでしょう。仕事の疲労は、背中の緊張感になって出ます。だから背中をリラックスさせると、眠りやすくなるのです。

背中をリラックスさせるストレッチもあります。ヨガで「猫と牛のポーズ」といわれるものですが、背中を丸める体勢をとると、全身がほぐれて眠気に襲われます。

また、環境を変えてみるのもいいでしょう。

部屋の照明は、オレンジ色が一番効果的です。さらに、ラベンダーの香りのアロマオイルも、快適な睡眠をもたらす効果があります。

眠るためのアイテムとして、アイマスクも大きな効果があります。どうしても駄目な場合は、薬もいいでしょう。睡眠導入剤です。ドラッグストアですぐに出してくれるものが増えています。

血糖値が低い人は、オレンジジュースやアメ玉などで血糖値を上げるだけで、すんなり寝付けることもあります。

大切なことは、「絶対に眠れる」という、自分なりの「儀式」を決めておくことです。

就寝の儀式

「猫と牛のポーズ」で寝付きをよくする

①

四つん這いになり、
息を吐き出す

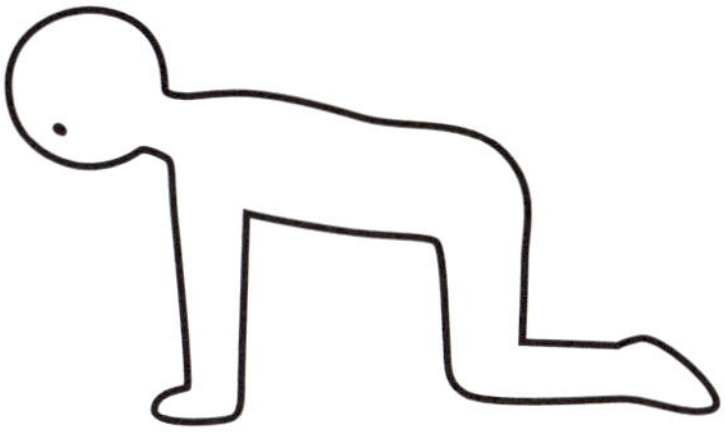

②

息を吸って背骨を
そらす。目線を上
にしてのどを伸ばす
（牛のポーズ）

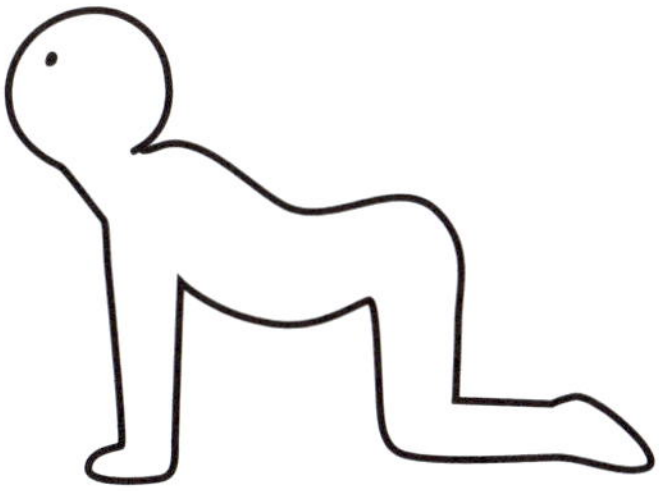

③

息を吐きながら、
背中を丸め、
お腹を引き上げる。
このとき、お尻も
締める（猫のポーズ）

①〜③の「背中をそらして、丸める」運動を5回ほど繰り返す

27

移動時間を活用してみるみる成長しよう

「移動時間」を1カ月分集めれば何ができるかを考える

仕事には、必ず移動時間があります。電車に乗っている時間や歩いている時間を合計すると、かなりの時間になることに気付きます。出勤時間と帰宅するまでの時間を入れると、さらに増えます。

移動時間をいかに効率的に使うかによって、大きな差が生まれます。

たとえば、30分間の移動が3回あれば、合計で1時間30分。1週間のうちに5日間あると考えれば、合計450分。つまり7時間30分になります。

1カ月にしたら30時間です。3カ月なら90時間というまとまった時間ができます。

90時間もあれば、いろんなことができます。

語学の勉強や、有益な講義のテープを聞くのもいいし、読書もいいでしょう。あるいは、発想をかえて、「To Do リスト」のチェックも有意義です。

前述したとおり、優先順位は状況に応じて変わります。午前中に優先順位1位でも、午後には3位に下がることもあります。

つねに「To Do リスト」を見て、必要に応じて優先順位を変更しておけば、「次に何をすればいいか」が明確になり、すぐに行動できます。

あるいは、訪問先に電話をするのもいいでしょう。これから訪れる取引先に、話の糸口だけでも伝えておけば、到着して相手に会ってからの話が手早くできます。それによって、時間の短縮になり、余った時間を、他のことに生かせます。

重要なのは、「移動時間をインプットとアウトプットに使う」という明確な目的を持つことです。

移動時間を活用して、みるみる成長する意識を持ちましょう。

移動時間の活用法

移動時間をインプットとアウトプットに使う

1日30分×3回＝1時間半とすると、
1カ月で30時間、3カ月で90時間にもなる

- 移動時間の活用が大きな差を生む
- 積み重ねで「ひとかたまり」の時間にする

28

行動パターンを「ルール化」して自分のものにしよう

体がすぐ反応できれば仕事時間は大幅短縮

同じような仕事を繰り返しているうちに、ふと気付くことがあります。

いつもやっている仕事は、いつの間にか、それほど頭を使わなくてもきちんとこなせるようになっています。さらに、かかる時間も短くなっていきます。

つまり、効率よくこなせるようになったわけです。

これを言い換えれば、仕事を「ルール化」したということになります。

ルール化というのは、つまり「思考しないで行動すること」です。

いうまでもなく、「これはルールだ」と頭で考えながら行動するのでは、意味がありません。

思考しなくても、頭の中にそのための思考回路が完成していて、さらに体も勝手に動く。つまり、まったく無意識に行なうことができる。それがルール化なのです。

たとえば、毎日同じ道を運転していると、たとえば複雑な交差点を通過するときに、どのタイミングで車線変更して、どれくらいの速度で交差点に入ればいいかを、体が自然と覚えます。

いちいち頭で考えなくてもいいのです。

報告書のまとめ方でもいいし、ミーティングのための下調べでもいいし、電話のかけ方や得意先に向かうための道順でもいいでしょう。

何の疑問も不安もなく、黙っていても勝手に体が動いてくれれば、それが時間の短縮になるのです。

いろいろな失敗を重ねた中から、最も安全で間違いのない行動パターンを選び、それを何度も繰り返すことによってルール化する、効率的に時間を使うためには、積極的に活用したいことです。

仕事のルール化

何度も繰り返してルール化する

いつもの仕事

・報告書のまとめ
・ミーティングの下調べ
・電話でのアポ

↓

ルール化

↓

仕事時間の短縮に

● 思考しないで行動することがポイント
● ルール化すれば、頭と体が勝手に動く

29

メールと電話のうまい使い分けとは？

場面に応じた「最適なツール」を使いこなす

最適なツールを選んで、それを使いこなすことは、時間を効率的に使う上で不可欠です。

たとえば、メールか、電話か？

電話は「今かけても大丈夫だろうか。相手の機嫌を損ねないだろうか」と悩むし、挨拶《あいさつ》や世間話で、無駄《むだ》な時間がかかることもあります。

その点、メールはとても便利なツールです。用件をメールで送っておけば、相手は都合のいい時間に読んで、都合のいい時間に返信してくれます。

だから、メールのほうが優れたツールだという考え方も、間違いではありません。

しかし、あえて電話の利点を見直して、使い方を工夫してみるのです。

まず、必ず短時間で切り上げるようにします。

最初の挨拶などは省略し、「すべての電話は1分以内で終わらせる」を「ルール化」します。

相手にも、そのほうが好都合です。

もし、1本の電話に10分かかれば、10分の空き時間に1人としか話せません。

しかし、1分の通話で終わらせれば、10人と会話ができます。

1分間というのは、思ったよりも長い時間です。かなりの内容を話すことができます。

また、挨拶ぬきで単刀直入に用件だけを伝えれば、その会話で相手の返事がもらえるかもしれません。

返事がもらえなくても、肉声で話していれば、相手がどう思っているかの感触くらいはわかります。とても価値のある1分間になるはずです。

こう考えると、電話は、確実に仕事の能率を上げてくれる便利なツールなのです。

ツールの使い方

あえて電話の使い方を見直す

ルール ＝ すべての電話は1分以内に終わらせる

- 電話1本1分なら、空き時間10分で10人と会話できる
- 電話も仕事の能率をあげるツール

30

飲み会・接待は22時までにお開きに

ダラダラ飲み会は翌日の仕事の質を落とす

退社時間のあとには、飲み会や接待が待っていることもあります。

お酒が入りますが、だからといって、時間管理のことを忘れてはなりません。

飲み会や接待の時間管理のポイントは、逆算することです。すべてを次の日の起床時間からさかのぼって組み立てていくのです。

まず、飲み会の次の日であっても、いつもどおりきちんと5時や6時に起き、充実した朝の時間を持たなければなりません。

そのためには、前の晩は23時、遅くとも0時には寝る必要があります。

ということは、お開きの時間は、22時が理想です。

そう考えると、飲み会の開始時間は遅くとも19時ということになります。

19時から始めるには、18時すぎには会社を出なければなりません。それをあらかじめ決めておけば、おのずと「今日は絶対に残業してはならない」と意識することになり、朝から集中して仕事をすることになります。場合によっては、昼休みを少し削ってもいいでしょう。

このようにして、大きな目的のために、逆算しながら小さな事柄で少しずつ調整していくのです。

「お酒は22時まで」と決めておくと、長い時間飲むことがないから、飲み過ぎて二日酔いになることがありません。だから、健康にはとてもいいのです。

そして、ダラダラと飲まないから、会話も楽しく有意義なものになることが多いのです。

一番やってはならないのは、酔って記憶もないのに、会話を延々と続けるような飲み会です。

夜の時間管理

飲み会・接待は22時までに切り上げる

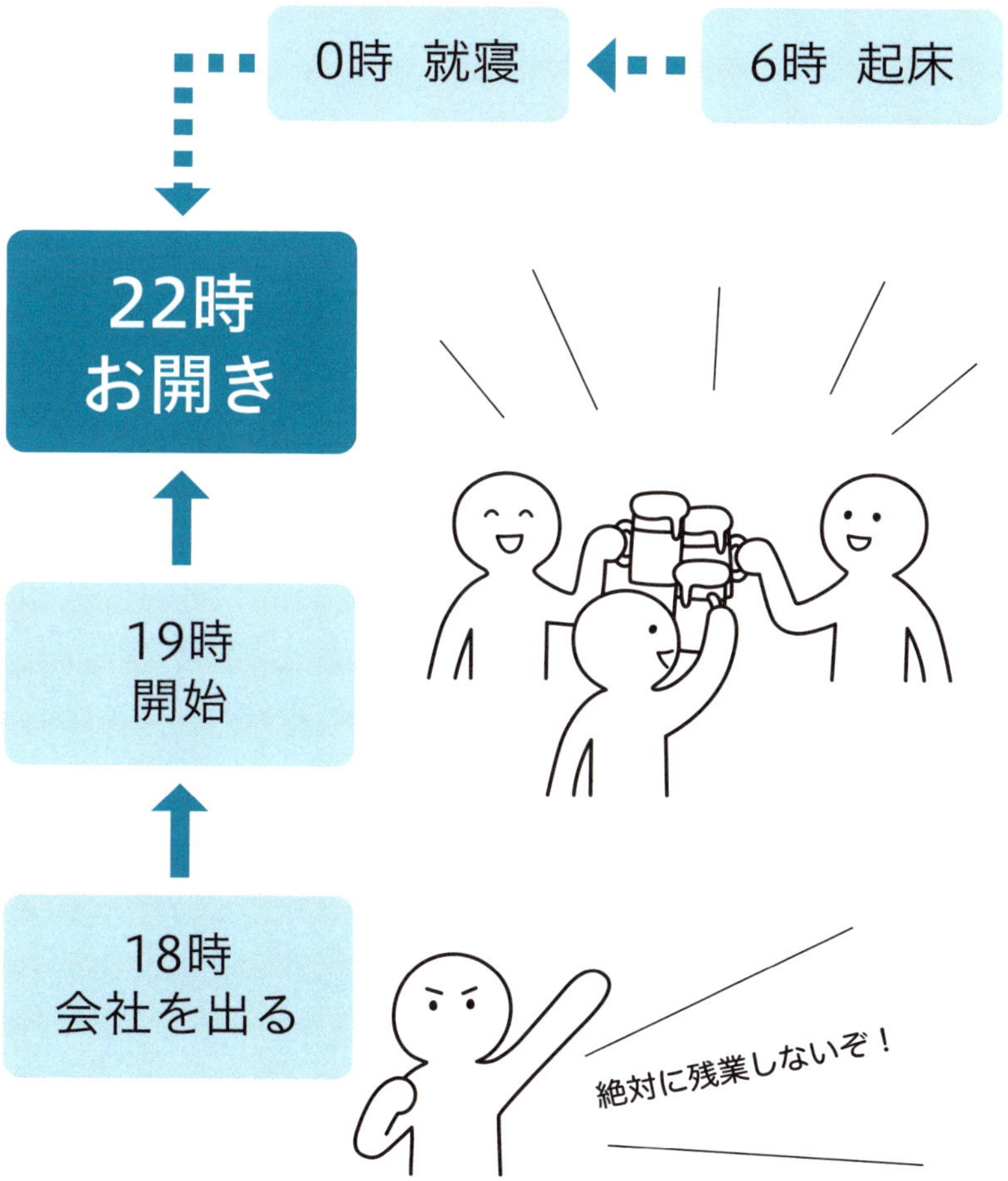

- 次の日の起床時間から時間を逆算する
- 大きな目的のために小さな事柄で調整

Column 02

メールをより効率的なツールにする方法

連絡ツールとして電話よりもメールを選びがちですが、効率的に使いさえすれば、電話も便利だし、不可欠だ、ということは本文で述べました。

文章を作るのが苦手な人にとっては、メールの文面を考えるだけで時間がかかります。

とはいえ、場合によっては、メールでなければならない状況もあります。

相手が出張などで電話ができない場合や、あえて文字にして残しておきたい用事の場合などは、どうしてもメールを使わなければなりません。

そこで、メールの使い方にも、一定のルールを設けるようにします。

まず、着信メールをチェックして返信する時間帯を、あらかじめ決めておきます。

1日に2回か3回、15分間なら15分間を、その日のスケジュールの中に組み込んでおくのです。

そうすれば、メールの返信にダラダラと時間をとられることがありません。

また、仕事上よく使う単語は、ふだんから単語登録をしておき、数文字を打つだけでその単語が出るようにしておきます。これも時間の短縮に役立ちます。

さらに、送信先を「社外」「社内」に自動的に振り分ける機能なども利用すれば、送り先を間違えることもありません。

メールの文章を打つのに時間がかかるという人は、アイフォーンなどに搭載されているＳｉｒｉのような、音声入力機能を利用すれば、話す速度と同じくらいの速さで、文章ができていきます。

便利なツールであるメールは、このようにしてビジネスに役立てたいものです。

第4章

仕事が面白くなり、すぐに自信が付く方法

「目標・計画を達成させる」時間ルール

「目標・計画を達成させる」時間ルール

のチェックポイント

「目標・計画」は達成しなければ意味はありません。きちんと結果を出すために、どのように時間を使うべきかを学びましょう。

Key Phrase

ゴールを意識して目標・計画を立てる

目標・計画は設定段階から
具体的なゴールと
イメージを持って取り組もう

Check ➡ 31、32、33

Key Phrase

仕事は汎用性でとらえる

仕事の範囲を大きく考え、
あらゆる場面に
応用できるようにしよう

Check ➡ 34

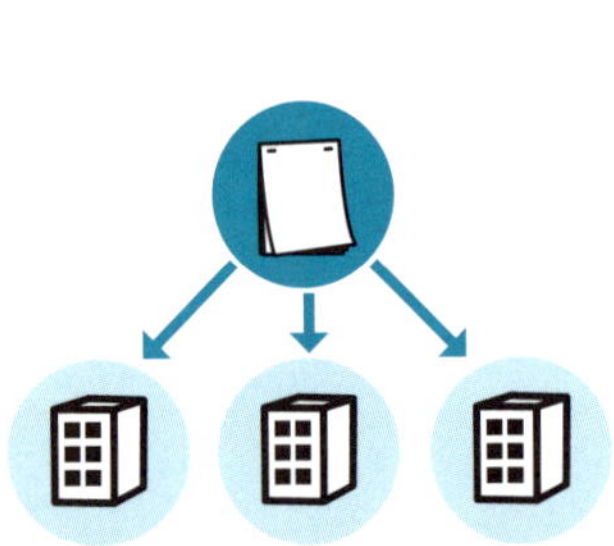

Key Phrase

チェック作業をしてすき間をつくらない

「計画の小さなすき間」
「仕事のやり残し」を排除しよう

Check ➡ 35、36

Key Phrase

仕事は選ぶこと

仕事は自分の得意分野で勝負。
苦手分野は他人の力も借りよう。

Check ➡ 37、38

Key Phrase

「楽しさ」を味方に付ける

ビジョンを明確にして、主体的に
楽しく仕事に取り組もう。

Check ➡ 39、40

31

「自分のゴール」を持つと、どんな仕事も前向きになれる

自分で意味を設定すれば価値ある時間となる

「何のためにこの仕事をやっているのだろう?」そんな疑問を抱いて、頭が働かなくなり、手も止まってしまうことがありませんか。

目的を見失うと、やる気も減退します。そうなると効率がガクンと落ちるものです。

人は、何か目的があるからこそ、働くのです。目的こそが原動力なのです。

だから、つねに「何のためにやっているのか?」を確認することが重要です。

その仕事をやることで、会社にとってどんなプラスになるのか。ひいては、社会全体にどんな形で貢献するのか。それは、いつも意識すべきです。

しかし、それだけではありません。どんな小さな仕事にも、「自分だけの目標」を見出すことで、人は、大きな原動力を得ることができます。

たとえば、上司からただのお使いを命じられたとき、「こんな仕事、誰でもできることだ」ととらえれば、それは無価値で無駄な仕事になります。

しかし、たとえば電車ではなく、あえて徒歩で行けば、自分の体力増強や健康維持に役立ちます。「自分の健康と体力増強に役立てる」という新たな目的ができるのです。

つまり、「自分にとって、どんな価値があるのか」「どんなプラスがあるのか」ということを考えることで、意識を高めるのです。

自分のスキルを伸ばす、新しい情報を得る、新しい人脈を広げるなど、どんな仕事にも、何らかの可能性があります。それを見付けて、自分なりのゴールを設定すれば、その時間が、とても価値のあるものになり、前向きになれます。

目標の設定法

ただのお使いを命じられた場合

デキない人

こんな仕事、
誰でもできる

費やす時間を
無意味ととらえる。
「やらされ感」と
不満だけが残る。

デキる人

歩いて行けば
体力が付く

「自分だけの目標」を
見付けてプラスにする。
やらされ仕事が
自分のものになる。

- 考え方次第で、無価値な仕事も意味を持つ
- あらゆる仕事に自分だけの価値を見つける

32

ゴールが明確ならば、すべての仕事に意味が出てくる

「長期目標」の設定は絶対に後回しにしない

目の前の仕事が、なかなか片付かない……。いまひとつ仕事の効率が上がらないし、思ったように進まない。自分が考えているような成果が出てこない。悪あがきしているだけで、実際には1段も上っていないのではないか……。

そんな不安を抱くことがあります。こんなとき、人は、視野が狭くなりがちです。

手がけている仕事のことだけを見てしまい、どうやればいいいか、あれこれ頭をひねることに時間を使ってしまいます。

しかし、あらためてよく考えてみてください。

今、行き詰っている目先の仕事は、一体何のために取り組んでいるのでしょうか。

その仕事自体が目的なのではなく、本当の目的は、はるか遠くにある大きなものなのです。

それを忘れていると、どうしてもミクロな視点になってしまい、はかどるはずの仕事も、はかどらなくなります。

大事なことは、長期目標を後回しにしない、ということです。

長期目標を達成するまでには、クリアしなければならない小さな目標が、無数にあります。今、手こずっているのは、その小さな目標のひとつに過ぎないのです。

ひとつの大きな仕事をやり遂げる、というイメージを、つねに持つようにしてください。結果的には、それが目の前の仕事の達成につながるのです。

目先の仕事に一喜一憂する必要はありません。ゴールを持てばすべての仕事に意味が出てきます。大きな展望を持って、どっしり構えていてください。

長期目標の実現法

長期目標は後回しにしない

- 仕事は目の前の仕事だけではない
- 大きな仕事をやり遂げるイメージを持つ

33

誰でも目標に到達できるスキルアップの方法

目標達成の手段を可能な限り細分化してから実行する

目標を達成するために、スキルを上げることが重要だということは、これまでにも述べてきました。

スキルアップを伴わない目標を立てても意味がないし、スキルが上がらないまま、いくら努力しても、成果は上がらず、時間が無駄なだけです。

では、どうすればスキルが確実に上がっていくのでしょうか。

それは、ひとつのスキルを上げるために、具体的に何をすればいいかを、細かく考えることです。

考えるだけでなく、それをノートに書き出すことが重要です。そして、それらひとつひとつを着実にこなし、ステップアップしていくことです。

たとえば、「アポ取りのスキルを身に付けたい」を考えます。具体的にいえば、アポ取りの成功率を上げるということです。

しかし、これだけでは、いくら電話をしても、同じことを繰り返すだけで、スキルとしては何も変わりません。成功率が上がるはずはありません。

そこで、「アポ取りのスキルを上げるためには、どうすればいいか」を考えます。上司や先輩に質問してもいいでしょう。

そうすると、「商品情報を集める」「説明する能力を高める」「電話のかけ方を丁寧にする」「ダラダラしないで手短かに話す話術を身に付ける」など、具体的なことが出てきます。

そうすれば、「アポ取りのスキルアップ」というゴールに向けて実際に自分が何をすればいいかが、明確になるのです。

このようなスキルアップの方法を実践することで、誰でも目標に必ず到達できるようになります。

スキルアップの方法

何をすればいいのか具体的に考える

〈スキルの向上ノート〉

向上させたいスキル　　年　月　日

アポ取りのスキルを身に付けたい

何をすればいいか　　実現日

- [ ] 商品情報を集める　　月　日
- [ ] 説明する能力を高める　　月　日
- [ ] 電話のかけをていねいにする　　月　日
- [ ] 手短に話す話術を身に付ける　　月　日
- [ ] 　　月　日

- **スキルアップがなければ、成果は上がらない**
- **具体性のある計画を立てる**

34

1社ではなく10社に使える企画書の作り方

仕事は「汎用性」でとらえると、より効率的になる

仕事の計画を立てるとき、多くの人は、細かい部分ばかりを見てしまいがちです。だから細部にこだわった考え方をしてしまいます。

そうなると、出来上がった計画どおりに仕事を進めると、細かい仕事をたくさんこなさなければならなくなります。

このような場合、ひとつひとつの仕事に100%の時間とエネルギーを注いでいると、大変な労力が必要になるし、その分、効率も悪くなります。

また「あれはやった」「これはまだだった」というように、仕事の抜けも出てきます。

これを解消するために、仕事に対して大きな視点を持つようにします。

細分化するのではなく、大きな範囲でとらえて、ひとつにまとめていくという考え方です。

たとえば、ひとつのテーマで、10の会社に企画書を提出するとします。

それぞれの会社に合わせて、10通りの企画書を作ることも、もちろん可能です。

しかし、それよりも、10社すべてに通用するような汎用性のあるものを1種類だけ作ったほうが、効率的だし、可能性が広がることもあります。

A社向けの企画に、B社向けの発想が交じっていれば、A社で予想もしなかった反響があるかもしれません。C社向けに考えたアイデアに、案外D社が興味を示すこともあります。

つねに大きな範囲で考えれば、可能性が広がり、成果も期待できます。企画書作りも、汎用性を高めることが重要です。

この逆転の発想を、うまく利用したいものです。

仕事の汎用性

仕事をひとつにまとめる

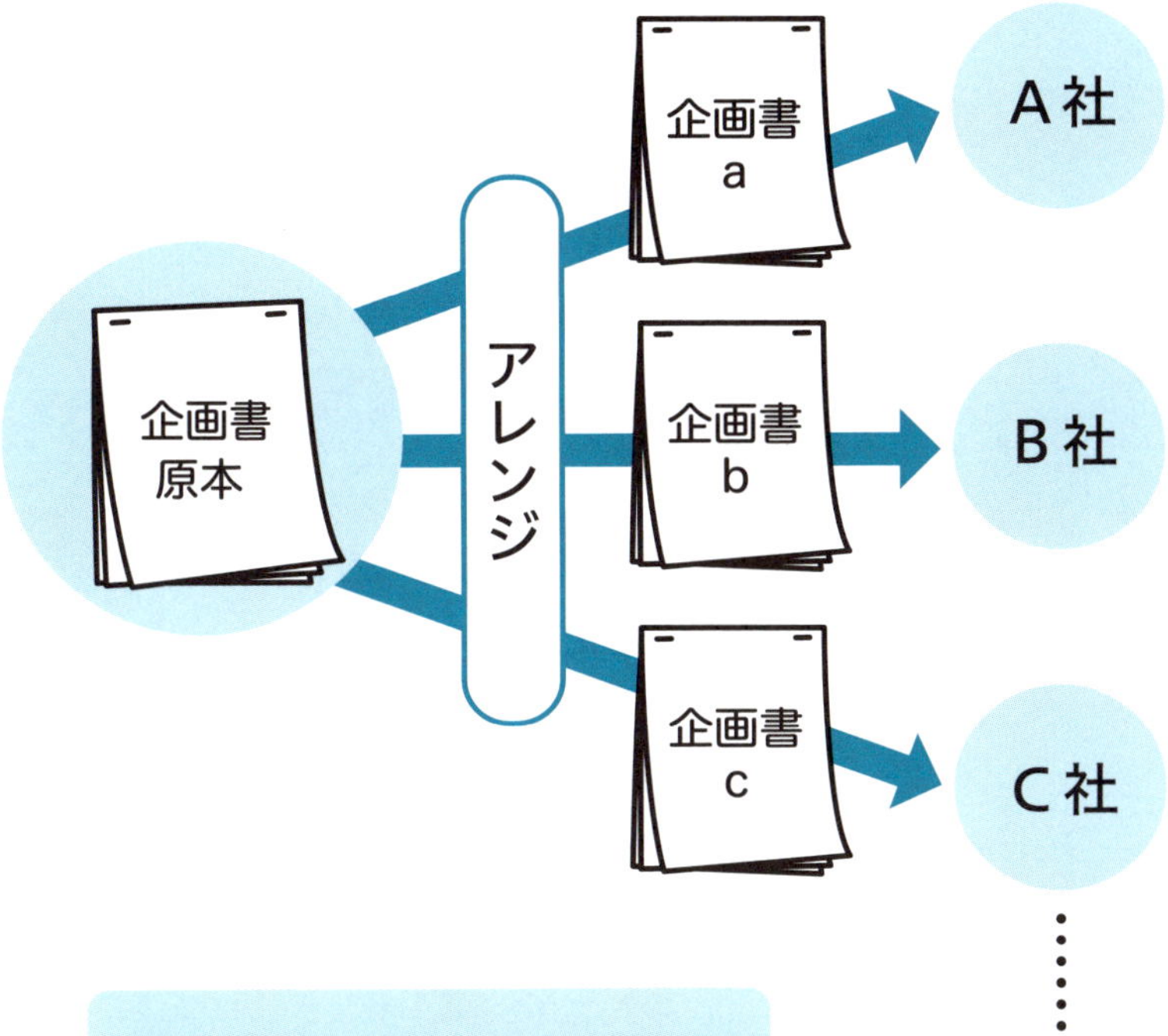

- A・B・C社それぞれに企画書をつくらない
- A・B・C社すべてに通用する1種類つくる

- 汎用性の着目し、仕事の効率化を図る
- 大きな範囲で考えれば、成果も期待できる

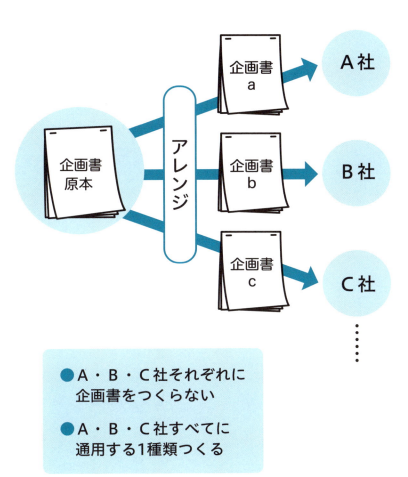

35

夢をつかむ人は「仕事のすき間」を作らない

小さなすき間が計画全体を破綻させることもある

仕事は、つねに、大きな目標に向かって、確実に進んでいることが重要です。そのためには、長期・中期・短期の目標が、うまく結び付いていることが不可欠だということは、前にも述べました。

短期の目標をひとつずつこなしていけば、中期の目標が達成できます。中期の目標をひとつずつこなしていけば、長期の目標が達成できるはずです。

大切なことは、それぞれの目標が、すべてきちんとつながっていること、つまり、「プランのどこにもすき間《ま》がない」ということです。

すき間を残したままで強引に前に進むと、予定外の仕事ができてしまいます。そして結局は、その隙間のせいでブレーキがかかります。それは非効率的なだけでなく、計画の破綻にもつながるのです。

ひとつひとつ確実にレンガを積み上げていると思っていたのに、気がついたら1個だけ抜けていた。その土台の上には、どんな建物も建ちません。

だから、どんな計画にも、絶対にすき間を作らないように注意しなければなりません。

これはありがちなことなので、ときどき計画全体を見直すことが不可欠です。

人生全体のプランニングに関しても、同じ視点を忘れないようにします。

自分が思い描いた大きな目標に、なぜかなかなか近づいていかない。なぜだろう?

そう思ったら、あらためてチェックしてみます。夢をつかむ人はこうしたチェック作業を習慣にしています。プランそのものに欠陥があるのかもしれません。そんな場合は、プラン全体を見直すことは、いうまでもありません。

計画と仕事の関係

計画はすき間をつくらない

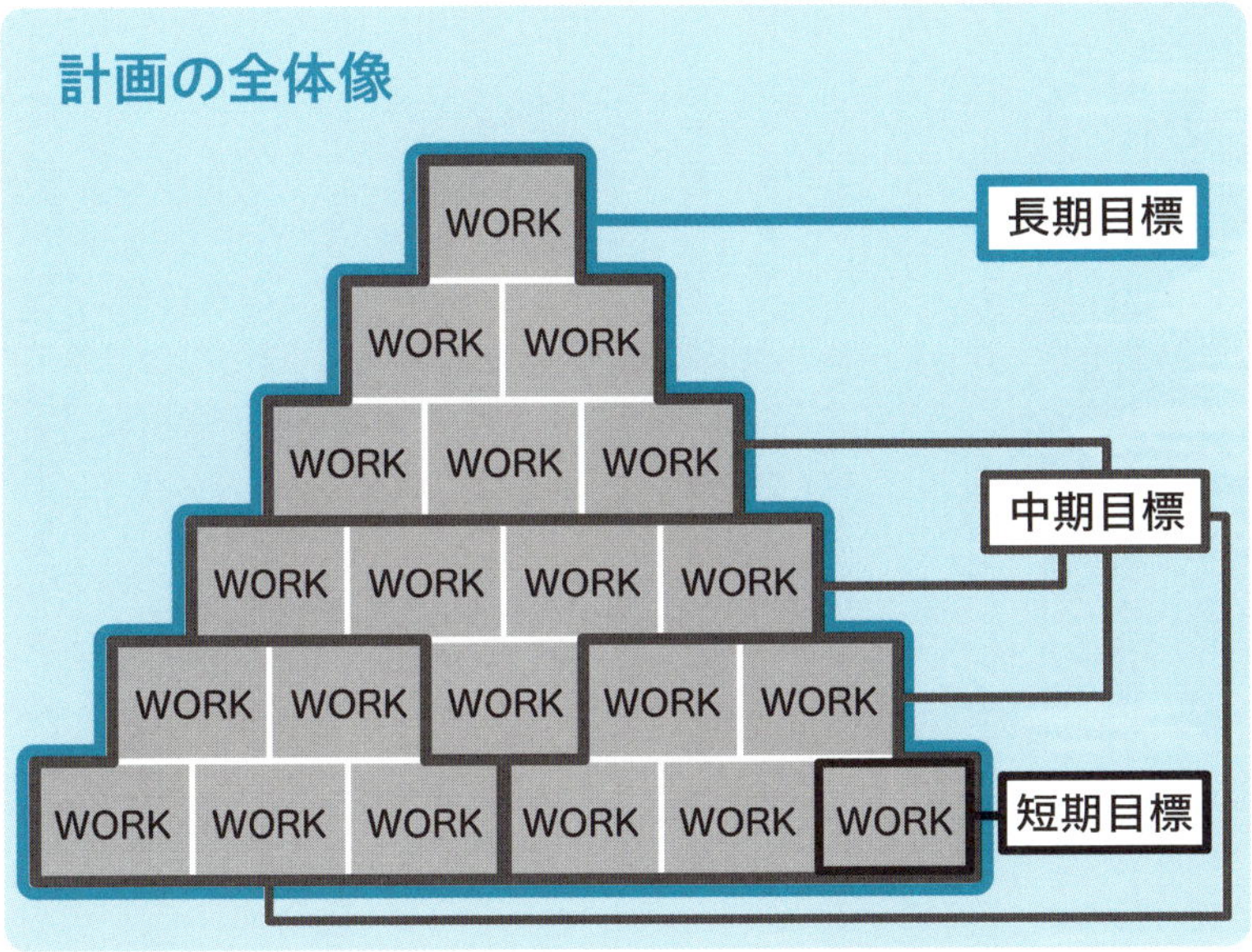

- 仕事はレンガ積みと似ている
- 長期・中期・短期目標がつながっていることが大切

36

小さな「やり残し仕事」が大きな障害となって返ってくる

仕事の未完成部分がないかをつねにチェックする

計画そのものには、どんなすき間もない。安心して仕事をしていたら、うっかりやり残した仕事があった。そういうこともあります。

計画のすき間と同じように、仕事の「やり残し」も、絶対に避けなければなりません。

「To Do リスト」に並んだ仕事を、効率的に、間違いなくこなすためには、常に「やり残した部分がないか」をチェックすることが重要です。

小さな「やり残し仕事」は大きな障害となって返ってくる場合があるからです。

仕事というのは、すべて密接につながっているものです。ひとつの仕事の成果が、次の仕事につながり、その仕事が終わると、自然に次の仕事に着手するきっかけができます。

だから、もし、ひとつの仕事につまずいて、なかなか終われないと思ったら、その前にやった仕事が、最後まできちんと完成しているかどうかを、チェックしてみます。

そして、もしもやり残しがあれば、それを完全に終わらせます。すると、じつはその部分に次の仕事のヒントがあることもあるから、要注意です。

ところで、逆に、仕事と仕事との間に、重なる部分ができることがあります。同じ仕事をくり返しているのです。それは、あまり気にする必要はありません。

重なった部分は、一度やった部分でもあるので「やらない」という選択肢もあるし、やったとしても、一度やったことだから短時間でできるのです。

だから、どんどん前に進んでいけて、気持ちよく仕事ができるメリットもあります。

仕事のやり残し

To Do リストでやり残しをチェックする

〈To Doリスト〉

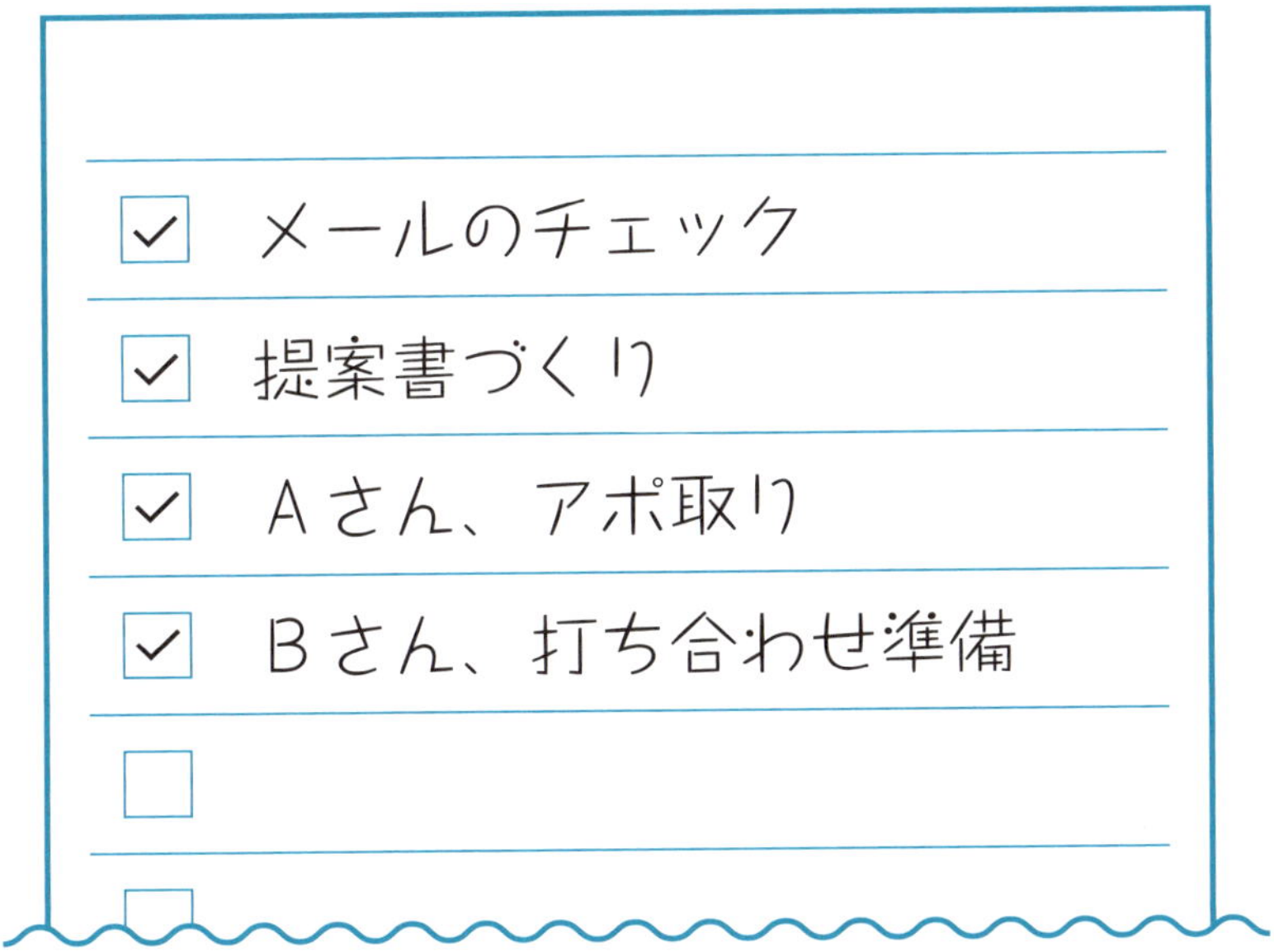

もう少しで
終わるかも…

- やり残した仕事をチェックして最後まで終わらせる
- 仕事が重なっても気にしない

37

成功を勝ち取れる仕事の選び方とは？

なんでもできる「便利屋」は絶対に伸びない

どんな職場にも、「どんな仕事でも気軽に引き受けて、そこそこなす」、いわば「便利屋」のような人がいます。もし、自分がそう思われていて、いろんな仕事を任されているとしたら、今すぐそのイメージを払拭《ふっしょく》すべきです。

何でもこなす「便利屋」は、周囲には便利ですが、本人は絶対に伸びません。

その人にとって、それらの仕事がプラスになっているかといえば、必ずしもそうは言えないのです。むしろ、時間の無駄になっていることのほうが多いでしょう。

では、そんな存在にならないようにするには、どうすればいいのでしょうか。

「これは確実にできる」という得意技を、早くから身に付けることです。要するに自分の強みをアピールするわけです。

ただし、何でもいいというわけではありません。内容は選ぶ必要があります。

自分の人生の目標が明確であれば、ひとつひとつの仕事に対して、「これは有益」「これは不要」という識別ができて、選べるはずです。

目標に直結する仕事だけを選び、そうでないものは、切り捨てるのです。そうでなければ、なかなか成功の階段は上れません。

つまり、「確実にできる仕事」とは、「目標達成に役立つ仕事」に限るということです。

そうすることで、仕事へのモチベーションも上がります。そして、それを周囲にアピールすれば、そんな仕事だけが舞い込むようになるはずです。これが成功を勝ち取れる仕事の選び方です。

仕事の選び方

仕事を選ぶクセを付ける

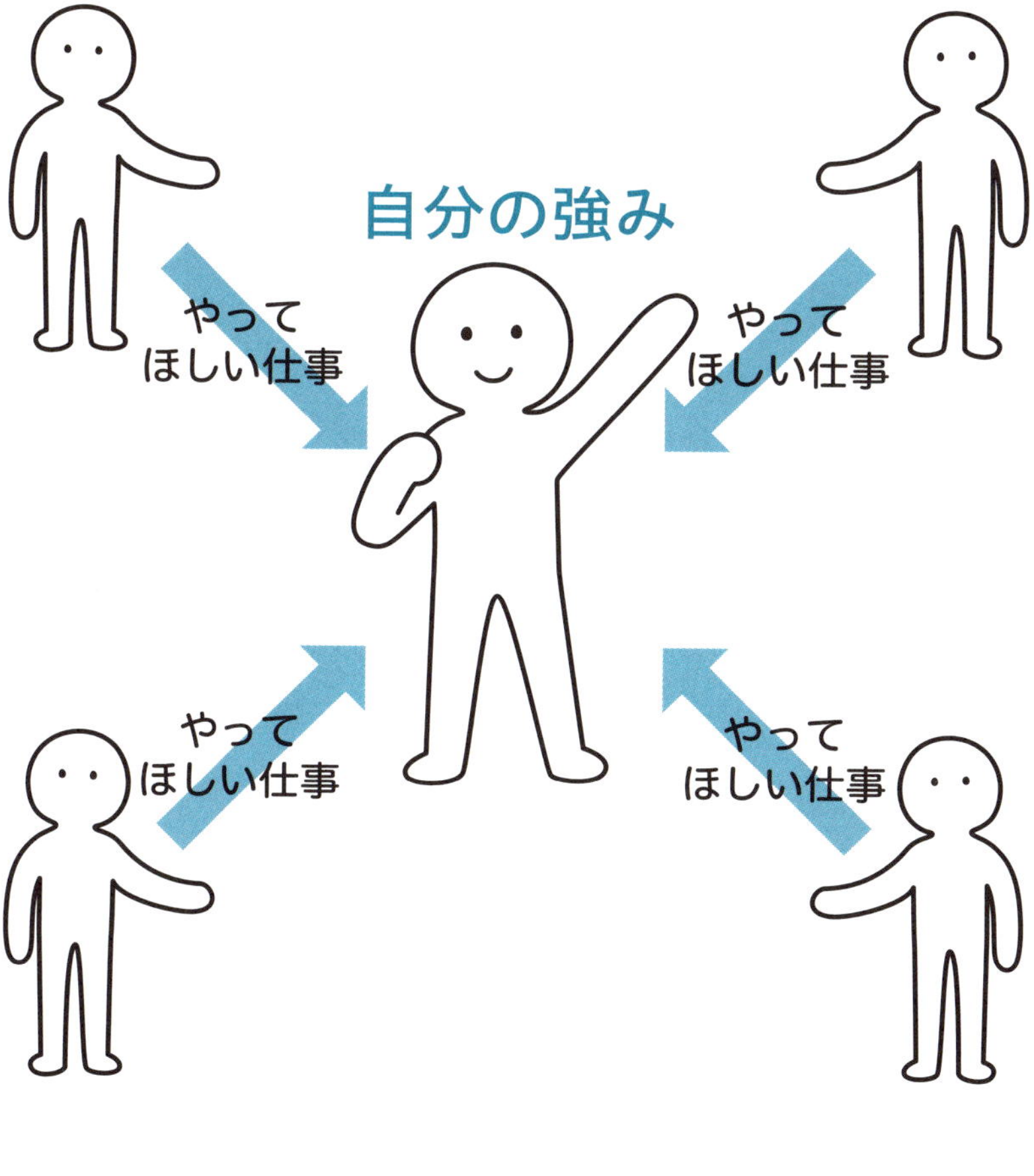

- 便利屋は絶対に伸びない
- 自分の強みをアピールして仕事を選ぶ

38

他人が思わず協力したくなる仕事の進め方

自分の限界を超えるために、他人の力も利用しよう

「この仕事は、自分よりも、あの人にやってもらったほうが早く済む」と考えたことはありませんか。

そんなときは、遠慮しないで、ぜひ、その人に頼んでみてください。

「他人の時間」を借りることは、自分の仕事を効率的にするために、とても大事な方法です。

時間の効率化というと、多くの人は、「この時間に何をするか？」ばかりを考えます。

つまり、プラスを積み上げることで時間を埋めていこうとするのです。

しかし、中には、「無理して自分が取り組む必要はない。もっと効率的にこなせる人がいる。その人がやったほうが、全体の利益にもつながる」という場合もあります。

そんなときは、あえて、「人の時間を借りる」という考え方をするのです。

そのために、ふだんから、他人とのコミュニケーションを深めておくことが不可欠です。そうすれば、他人も思わずあなたの仕事に協力したくなるでしょう。つまり、他人の力を借りるということは、他人とのコミュニケーション能力を伸ばすというスキルを養うことにもつながるわけです。

他人に何かを頼んで、その分の時間を他のことに有効に生かすというのは、コミュニケーション能力を生かしたひとつのスキルなのです。

コミュニケーション能力が低い人にはできないし、他人の能力を正確に把握し、それを引き出す能力を持たない人には、絶対にできません。

コミュニケーション能力というスキルを持つことでこそ、実現可能なのです。

他人時間の活用法

時間は自分ひとりのものではない

他人の時間も借りて仕事する

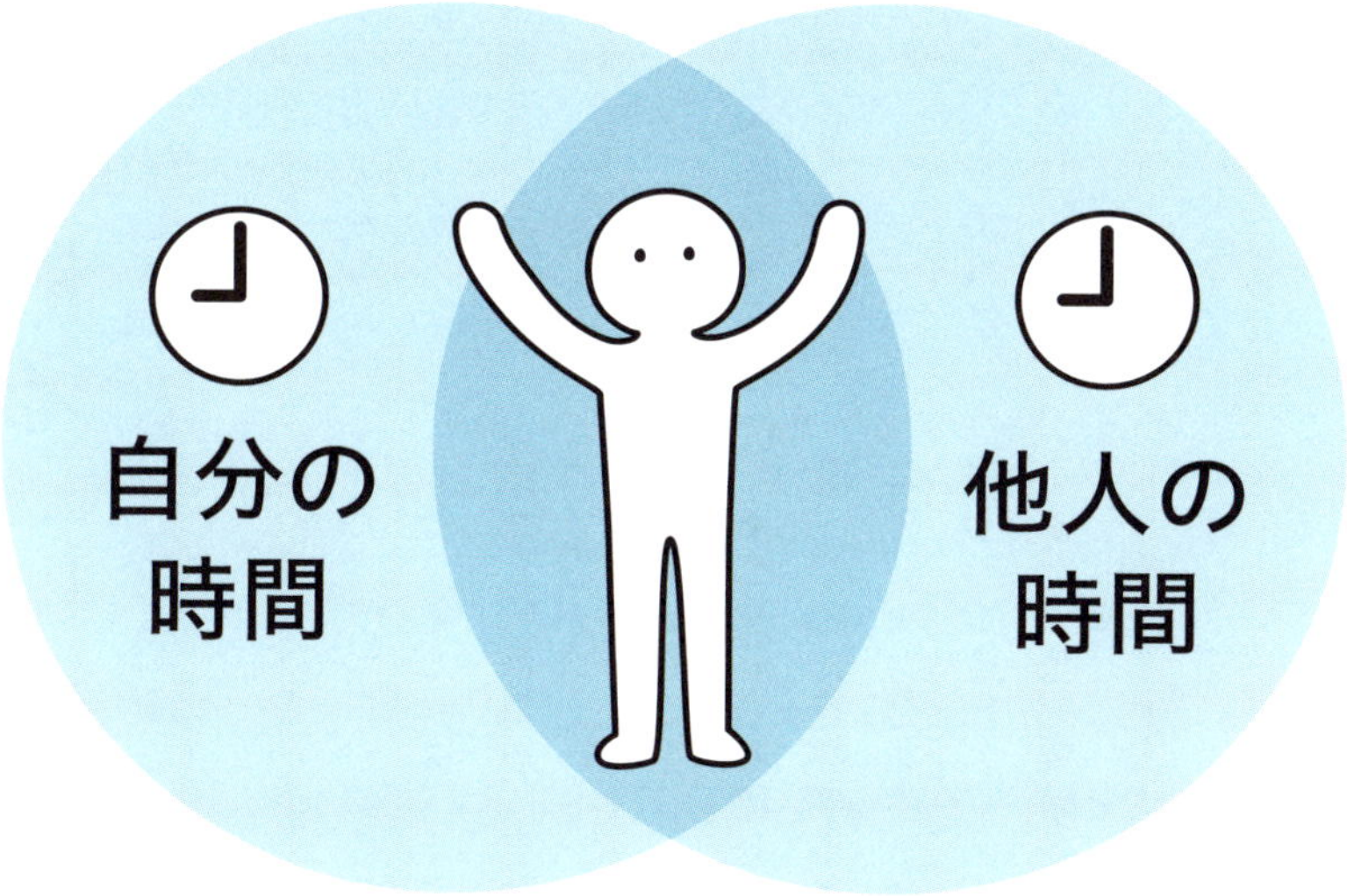

- 他人の時間も借りれば、早く終わる
- コミュニケーション能力も必要

39

「忙しい」はちょっとした工夫で「楽しい」に変わる

忙しさもビジョンを明確にすれば、充実した時間になる

どうすれば時間とうまく付き合うことができるか。そして、いかに仕事を楽しむことができるか。そのポイントをいくつか述べてきました。

つねに大きな視野を持ち、目的意識を持っていれば、目の前の仕事も苦にならず、楽しく仕事ができるのです。

仕事が苦だと思う人には、ある共通点があります。それは、仕事を「やらされている」ととらえていることです。

人から無理矢理に強要されているととらえれば、仕事を楽しめるはずはありません。その人は、仕事の奴隷であり、不自由な生活を送っているのです。

時間管理も、ただ窮屈《きゅうくつ》で面倒なものとしか思えません。

しかし、ここで発想の転換をしてみてください。

「仕事は、やらされているのではない。自分からすすんでやっているのだ」

そう考えれば、その瞬間からその人は、仕事の苦痛から解放され、自由になります。

こうしたちょっとした工夫で、その忙しさは楽しさになるのです。

その楽しさを感じるためには、人生の大きな目標を、つねに意識することが必要です。自分の将来へのビジョンを見直せば、仕事への思いが、まったく変わってきます。

また、時間管理の窮屈さもなくなり、その日の目的、つまり短期の目標が達成できれば、それが大きな喜びに感じられます。

成功を手にするためには、自分が描く幸せのビジョンを、つねに忘れないようにしてください。

忙しいを楽しいに変える

仕事は自分からすすんでやっている

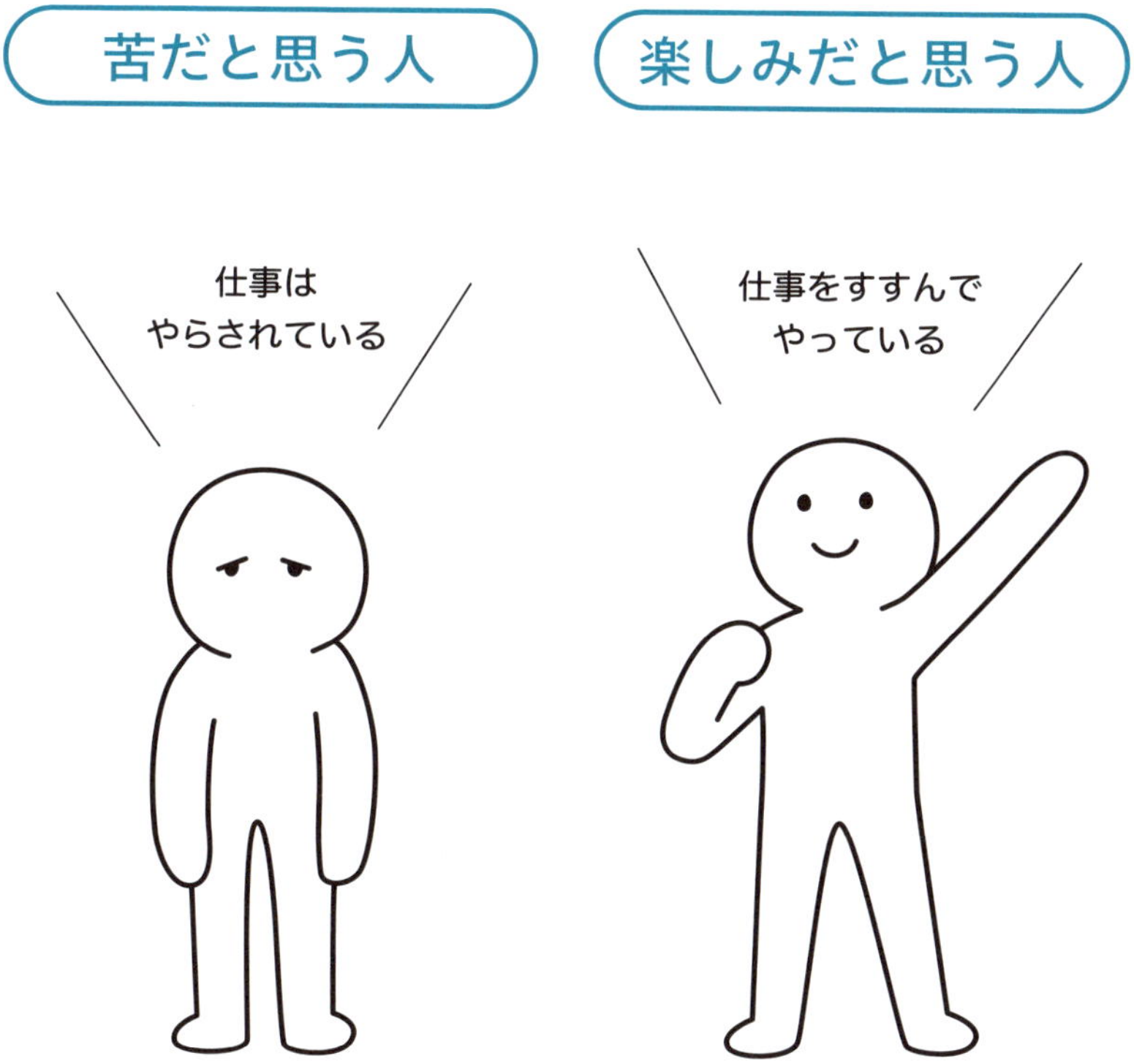
苦だと思う人
楽しみだと思う人
仕事は
やらされている
仕事をすすんで
やっている

- 自分から進んでやれば、仕事は楽しくなる
- 自分が描く幸せのビジョンを忘れない

40

負荷感に押しつぶされない「デフォルト・モード・ネットワーク」

脳のしくみを知って、仕事に活用してみよう

たくさんの仕事に優先順位を付けていても、なかなか思い通りにいかないことがあります。

急にペースが落ちたり、何かでつまずいて予定の時間が過ぎても終わらない……。よくあることですね。そんなとき、「まあ、どうにかなるだろう」で、運まかせにするのは厳禁です。

たとえば、ひとつの仕事に時間をとられている場合、思い切ってそれを中断して、次の仕事へ取りかかるのです。

一見、効率が悪そうに見えますが、そうではありません。別の仕事をしていても、人間の脳は無意識のうちに中断した仕事のことを考えて、整理し、アイデアをひねり、処理しようと自動的に働き続けているのです。

このような脳の働きを、「デフォルト・モード・ネットワーク」（何もしていないときに働くネットワーク）といいます。

この働きのおかげで、別の仕事をしていても、前の仕事の解決法がひらめくことがあります。けっして、運まかせではないのです。

優先順位を付けるときも、それを意識します。たとえば、負荷感のある仕事は午前中のピークの時間に、最初の部分だけ手を付けておきます。

すると、デフォルト・モード・ネットワークが働いて、他の仕事をしている最中に、解決法が見えてくることもあるのです。

また、楽しい仕事から優先的に手を付けるというのも、ひとつのやり方です。

最初に楽しい仕事をやっておけば、脳が楽しい状態を覚え、活発に働きます。

仕事の優先順位

負荷がかかる仕事はピークに

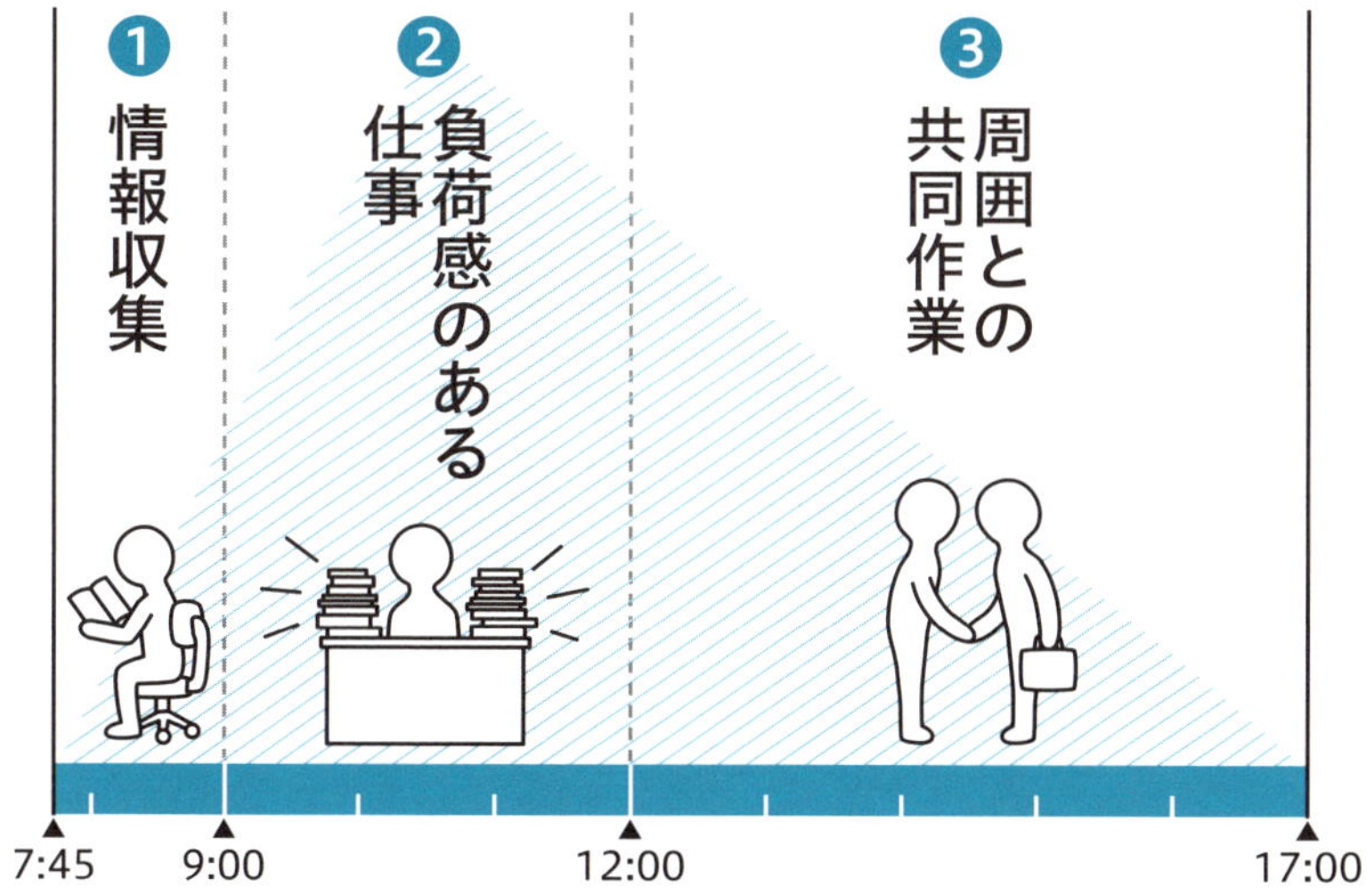

安田正の1日

①情報収集 ―― 7:45～9:00

ウォーミングアップ。雑誌や関連書籍から情報をインプットする。

②負担感のある仕事 ―― 9:00～12:00

集中力が高い状態。企画書の製作、原稿執筆。アイデア創出などをする

③周囲との共同作業 ―― 12:00～17:00

集聴力が低くなる状態。セミナーや講演、営業、出版社との打ち合わせをする。

Column 03

身の回りの整理整頓は時間管理の基本

職場での自分の机の回りがきちんと片付いている人は、時間管理も上手です。

整理整頓ができてないと、仕事の能率が悪くなります。それだけでなく、頭の中も整理できなくて、混乱しがちです。

まず目の前にある机の上を、きちんと整理整頓してください。

いくつかコツがあります。

筆記具などの文房具は、使いやすいところに出しっぱなしでも大丈夫です。それに対して、書類や資料などは、ひとつの仕事が片付いたら、いったん全部片付けて、それから、次の仕事に必要なものを出すようにします。

前の作業に使ったものが出しっぱなしでは、必ず混乱して、作業がはかどりません。

また、書類や資料を片付ける場合には、どんなに面倒であっても、必ず分類をして、決められた場所に戻すようにします。

その際、「終わったもの」「まだ途中」などに仕分けると、あとで便利です。プラスチックのボックスなどを利用すると、簡単に入れることができて時間的にも早いです。

そして、もうひとつ大切なことは、1日の仕事が終わったら、退社のときには、机の上を何もない、きれいな状態にしておくことです。

そうすることで、翌日の朝、何の仕事から始めればいいか、そのイメージをつかみやすくなります。職場に到着する前に、「最初に机の上にあれを出して、次にあの資料を読んで……」というように、仕事のスタートの切り方を想像しておくと、職場到着後、サッと気持ちよく作業に取り掛かることができるのです。

第5章

自分の能力に気付いた人だけ、夢を実現できる

「能力を最大限発揮する」時間ルール

「能力を最大限発揮する」時間ルール

のチェックポイント

努力しても結果が出ない場合は、時間の使い方に問題があるのかもしれません。能力を最大限に発揮できる時間の使い方を学びましょう。

Key Phrase

行き詰っても焦らない

スランプになっても周囲に気づかれないように冷静に原因を分析しよう。

Check ➡ 41、42

Key Phrase

やる気をうまく利用する

ごほうびを意識してやる気を出し、小さな達成感を味わって仕事のエンジンをかけよう。

Check ➡ 43、44

Key Phrase

集中力を持続させる

集中力が途切れてしまったら、
簡単な運動で集中力を
回復させよう。

Check ➡ 45

Key Phrase

「強み」「長所」を知ること

仕事に生かせる自分の強み、
長所を知り、
ノートに書き出そう

Check ➡ 46、47

Key Phrase

情報収集は効率的に行なう

バランスのよい
インプットとアウトプットを
行なおう。

Check ➡ 48、49、50

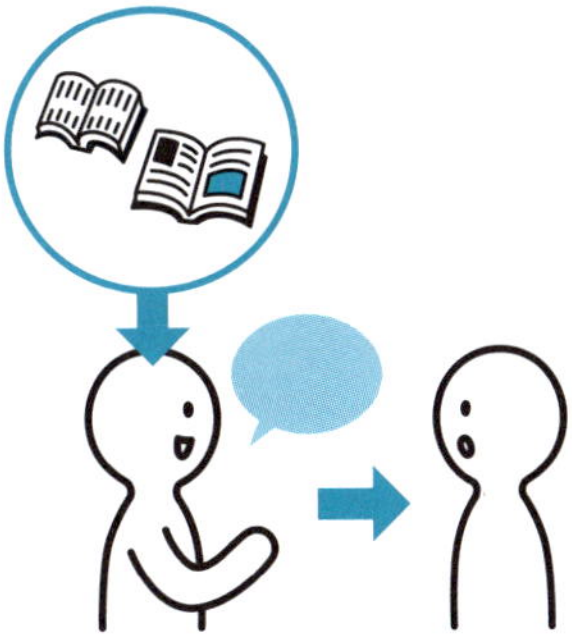

41

仕事につまづくのは、全体を俯《ふ》瞰《かん》していないから

広い視野で目標達成までのプロセスをあらためて見直す

最初は順調に仕事していたのに、急に進まなくなる。時間だけが過ぎていき、何の成果も出なくて、あせる……。それは、どんなに能力がある人でも経験することです。

そんなとき、多くの人は、つまずいてしまった目の前の仕事だけを見て、なんとか切り抜けようとします。しかし実際には、なかなか挽回できません。

なぜなら、あせりから視野が狭くなり、小さなことしか見ていないからです。

仕事につまづくのは全体を俯《ふ》瞰《かん》していないからです。仕事とは「大きいことから小さいことへ」が基本です。

大きな目標を達成するためには、どんな小さな目標を積み上げていけばいいかを考えて、計画を練り、時間の配分をしたはずです。

だから、小さい目標でつまずいたら、そこで一歩引いて、視野を大きく広げ、その小さな目標が、どんな経路で大きな目標につながっているかを見直してみるのです。

「今、自分がつまずいている仕事は、どんな目的か？」「この仕事が完成すれば、次にどの仕事と結びついて、最終的には、どんな目標を達成するのか？」といったことを、見直しましょう。

頭の中が整理されて、再びエンジンがかかります。車の運転をしているとき、まったく道がわからず、直進するか曲がるかも迷っていては、運転そのものがおぼつかなくなり、安全走行できなくなります。

しかし、道さえはっきりわかれば、自信を持ってハンドルを握ることができるし、目的地に、最速で到着することができます。仕事も、同じです。

目的へのプロセス

道さえわかれば最速で目的地に着く

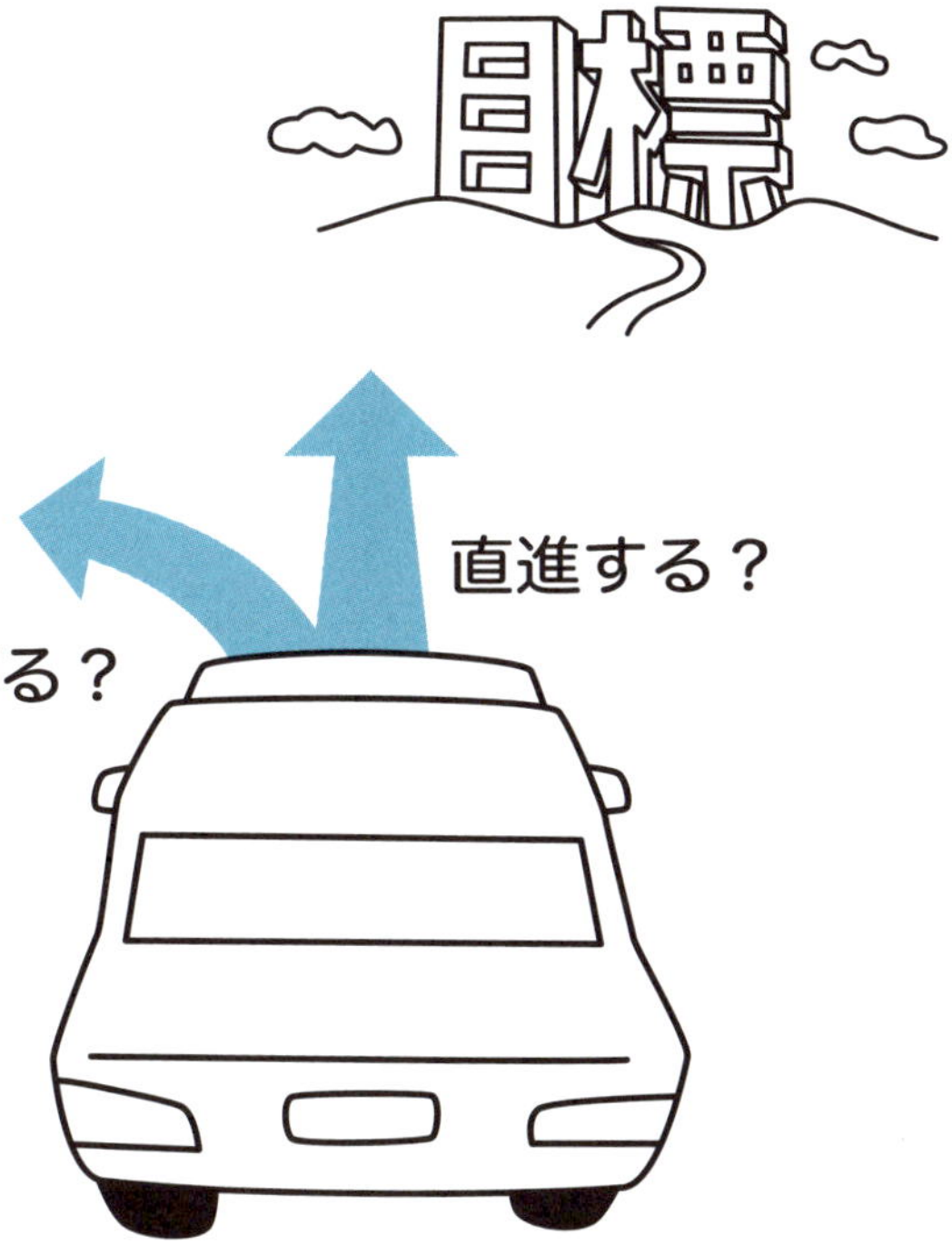

仕事は車の運転と同じ

- 視野を大きく広げて俯瞰《ふかん》する
- 大きな目標までの経路を整理しよう

42

スランプに陥ったら、原因をとにかく書き出せ

冷静に原因を分析すれば、解決方法が見えてくる

スランプは、誰にでも訪れます。ただし、それを努力だけで切り抜けようとするのは禁物です。

成功するだけの資質を持った人は、人が見てスランプだと思えるような状況に出合ったとき、その状況を冷静に分析します。

なぜ行き詰まったのか、何が悪かったのか、その原因を徹底的に追及します。

そして、わかったことをとにかく書き出してリストアップし、対策を考えるのです。

自分のどこをどう変えればいいのか、あるいは、どんなスキルを身に付ければいいのかを、徹底的に分析します。

そうすればスランプは、「なんとなく何をやってもうまくいかない」といったような漠然としたものから、解決可能なイシュー（課題）に変化します。

原因がまわりや環境にあれば、もちろん、その原因を取り除くし、もしも目標の設定が原因であれば、目標に修正を加えるでしょう。

スランプ脱出に大事なことは、分析力です。

分析力があれば、スランプは、前進のためのチャンスに変わります。

もうひとつ重要なのは、スランプを、周囲に知られないようにすることです。

多くの人は、スランプの人を遠ざけます。そのスランプをうまく切り抜けたとしても、いつまた次のスランプがやってくるかわからないからです。

人は「自分も一緒に引き上げて欲しい」と考えるものです。だから、スランプを知らない人を信頼します。

スランプとは、あくまでも秘するものなのです。

スランプからの脱出法

スランプは前進するためのチャンス

デキない人

ノルマが
達成できない

あいまいな悩み

↓

解決できない
不安が残る

デキる人

なぜ売り上げが
上がらないのか？

WHY HOWの悩み

↓

解決できるので
ポジティブになれる

- スランプの原因を徹底的に追及する
- 分析すれば、スランプは解決可能な課題となる

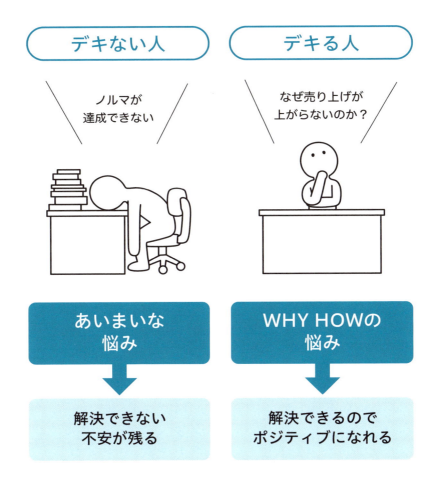

43

「小さな達成感」が無限のエネルギーを与えてくれる

行き詰ったら、何でもいいからひとつの仕事をやり遂げる

仕事が先に進まなくなったときには、広い視野を持って大きな目標までの道筋を確認することが重要だということは、前述したとおりです。

しかし、それでもなお、どうしても仕事の成果が出ないこともあります。

目標達成までの道筋も、仕事の順番も把握しているのに、スキルが伴わなかったり、方法論が間違っていたりして、思いどおりの結果が出ない。

そうなると、ますますやる気も失せてしまい、仕事がさらに遠のく。その悪循環に陥ることは、誰もが一度は経験することです。

やる気は仕事の原動力です。失ったら、どうにかして取り戻す必要があります。

そこで大切なのは、何でもいいから、ともかくひとつの仕事を最後までやり抜いて、達成感を味わうということです。

どんな小さな仕事であっても、「やり遂げた」という達成感を持てれば、それはひとつの喜びになります。気持ちが浮き立ち、前向きになります。その喜びが、自分を奮い立たせ、後押ししてくれます。「小さな達成感」が無限のエネルギーを与えてくれるのです。

そのために、あらかじめ仕事を、大きなものと小さなものとに区別しておくといいでしょう。

そのときつまずいた仕事とは関係のないものでもかまいません。気持ちを切り替えて、ひとつだけ完成させてみてください。小さな仕事は、エンジン再始動のための、重要なスイッチなのです。

たったひとつのプラスの達成感が、マイナスの悪循環から救い出してくれるはずです。

やる気の取り戻し方

小さな達成感が無限のエネルギーを与える

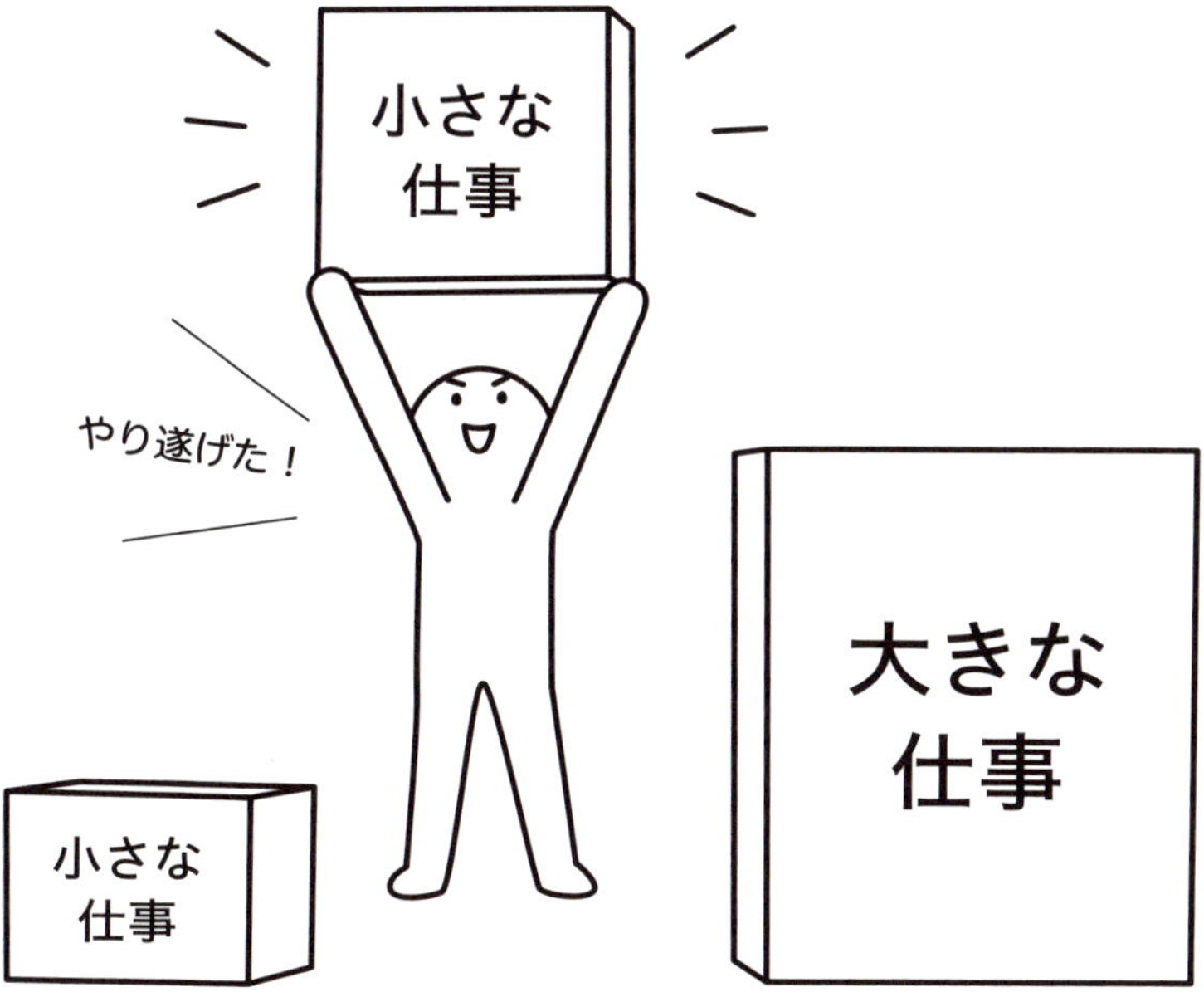

ひとつだけ仕事を選ぶ

- 大きな仕事と小さな仕事に分けておく
- 達成感を持てれば、前向きになれる

44

やる気を回復させる自分への「ごほうび」とは？

「何に対するごほうびか？」を具体的にすると効果的

朝から仕事に熱中していると、午後になれば疲れが出てきて、頭の働きも鈍ってきます。

何をやるにしても気力が湧いてきません。

しかし、まだ仕事の予定はあります。今日中にやり遂げたいことが残っているのです。

こんなとき、自分のやる気を回復する方法として、自分への「ごほうび」を用意しておくと、それが思いがけなく強い味方になります。

「ごほうび」は、ちょっとした食べ物や飲み物で十分です。

コーヒーやコーラが好きな人なら、自分の好きなメーカーや飲み方にこだわりましょう。チョコレートやキャンディでもいいのです。

ともかく、「これぞ自分にとって最高のごほうびだ」という贅沢《ぜいたく》感のあるものが理想です。

といっても、高価なものである必要はありません。むしろ、気軽に買えて、いつでも用意しておけるような、安いもののほうがいいでしょう。

ごほうびというと、「今年1年頑張った自分に、ごほうびをあげた」といって、高価な服を買ったりする女性がよくいます。

しかし、そんな漠然《ばくぜん》とした話では「ごほうび」の効果は半減します。

今年1年のうちにやったことの、何に対する「ごほうび」なのかがわからなければ、刺激も少ないし、ありがたみも薄れます。

「ごほうび」で重要なのは、「即効性」です。

「今やった1時間に対するごほうび」だと思うからこそ、次の1時間のためのエネルギーが充填されて、新しい力が発揮できるのです。

やる気の回復法

ごほうびでエネルギーを補給する

ごほうびが大きな味方になる

- ごほうびで大切なのは即効性
- 何に対する「ごほうび」なのか、明確にする

45

集中力をいくらでも持続させる方法

長時間にわたって仕事を続けていると、どんな人でも疲れてきます。疲れの中でも最もわかりやすいのは、集中力の低下です。

仕事をしているのに、気が付いたら別のことを考えていたり、まわりの人の声や物音が気になり出して、仕事が先に進まなくなったりすることは、誰にでも起こります。

そうなると、仕事の効率は一気に低下します。集中力が途切れてしまったら、どうすればいいのでしょうか。

最も効果的なのはウォーキングです。

いつも同じコースを決めて、わき目もふらず、一心不乱にひたすら歩くのです。そのとき、頭の中は、からっぽにします。周囲の物音も聞こえないくらい、歩くことに専念するのです。

簡単な運動をして疲れた脳を回復させる

そうすると、ただ前方の景色だけが、どんどん変化します。

じつは、それが重要なのです。景色が絶え間なく変化するので、多種多様な視覚情報が脳に入力されます。

そのことで、大脳新皮質がどんどん活性化されます。これにより、集中力がよみがえってくるのです。

じつは、人間の集中力は、眼球の動きと深く結びついています。

頭を動かさず、目線だけを、パソコンの画面の大きさくらいの範囲でゆっくり動かしてみる。さらに、それを逆方向でもやってみる。

外に出て歩かなくても、それだけでも、集中力はかなり復活します。これらを実践すれば、集中力はいくらでも持続させることができます。

集中力の回復法

ウォーキングで脳を活性化させる

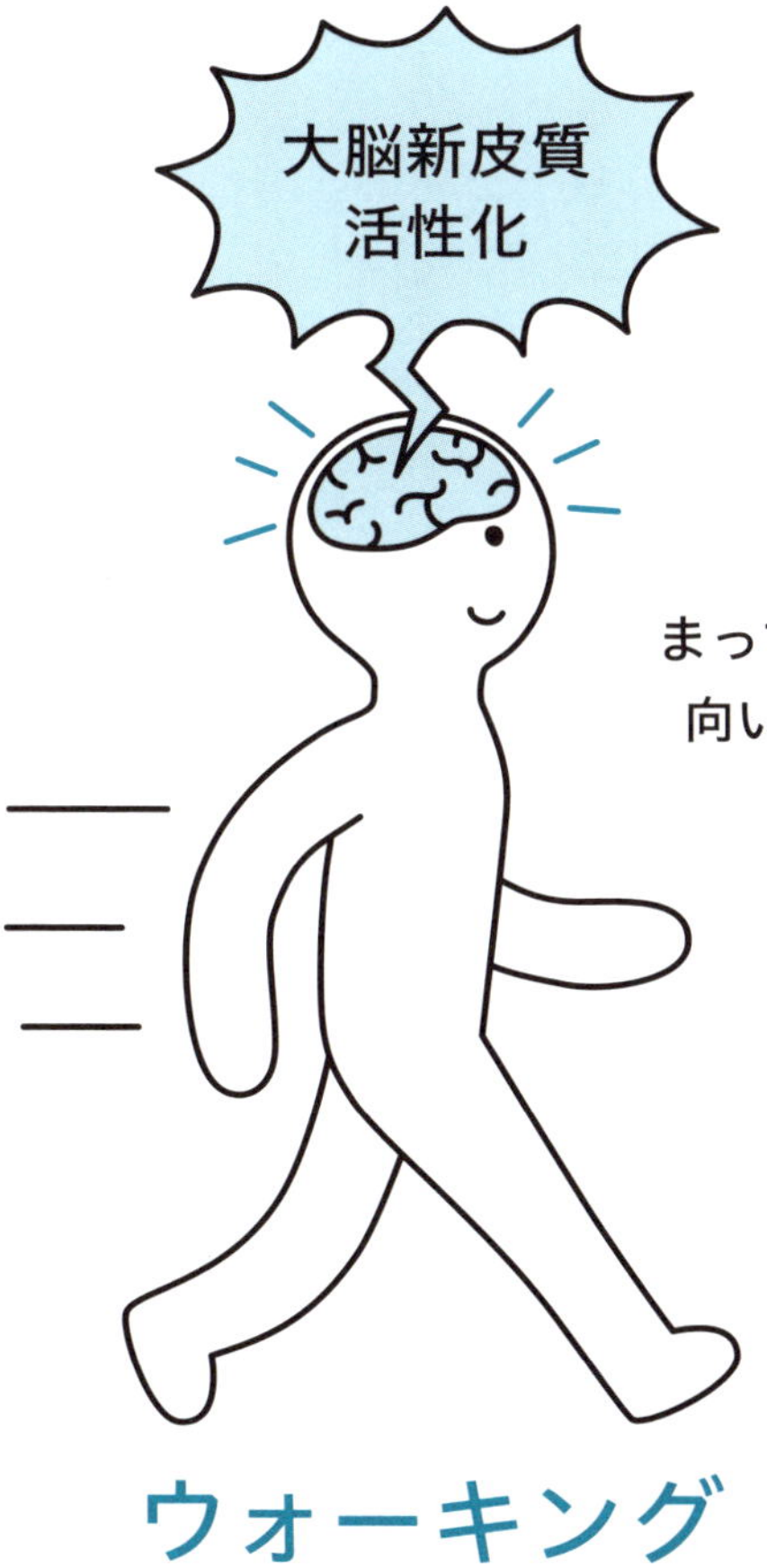

- 歩くことに専念すると、脳が活性化する
- 集中力は眼球の運動と結びついている

46

仕事がデキる人は自分の強みの使い方がうまい

「自分の強み」を知れば最高の仕事ができる

仕事の計画を立てる上で、「頑張る」「努力する」という言葉は禁句です。

たとえば計画の中に「〇〇を頑張る」と書き込んでも、実際にその仕事に手をつけたとき、何から始めればいいのか戸惑《とまど》うだけです。「頑張る」という言葉は抽象的な掛け声に過ぎないのです。

計画を立てるときには、必ず、自分にはそのスキルがあるかどうかを確認することが不可欠です。

そしてさらに、もう一歩踏み込んで考えてほしいことがあります。

「自分には、その仕事に生かせる強みがあるか」ということです。

仕事に取り組んでいると、自分の得意なことや苦手なことが見えてきます。

いい仕事をするためには、自分の能力の中でもとくに優れたところ、つまり、自分の強みを最大限生かすことが不可欠です。

だから、ふだんから、自分の強みを把握しておく必要があります。そのためには、上司やまわりの人からの客観的な評価を聞き出すことが大切です。

仕事がうまくいったら、「自分の何が良かったのでしょうか？」と、はっきり質問しましょう。ほとんどの上司は、何らかの答えをくれるはずです。

また、自己診断テストでもいいでしょう。客観的判断に大いに役立ちます。左ページのようなチェックシートであなたの強みを書き出してください。

それによって、「自分にはこんな強みがある」と把握しておけば、それこそが、自分にとって大きな武器になります。仕事がデキる人は皆、自分の強みの使い方がうまいものです。

自分の強みを知る

自分の強みを知るチェックシート

あなたの強みは何ですか？

あなたの強みを書き出してください

-
-
-
-
-

安田正の例

あなたの強みは何ですか？

想像力がある

あなたの強みを書き出してください

- オリジナルの研修コンテンツを考え出せる
- いろいろな著作のアイデアを出せる

47

自分の強みのマル秘「ノート」で人生が一変する

プラス志向で自分をとらえれば未来は開ける

自分を客観的にとらえて強みを知る、ということは前述しました。それを確実にするために、1日の終わりに必ずやってほしいのは、「気付きノート」を付けることです。

仕事がうまくいったら、何が良かったのかを振り返って、ノートに書きます。

上司に褒《ほ》められたら、必ず「何が良かったのですか？　どこが優れていたのですか？」と質問して、それを書き付けていくのです。

そのノートには、自分の長所、良い所が並んでいきます。

そして、たとえば、ある仕事にどこから着手すればいいかわからないときは、まず自分の強みを発揮できるところから始めてみることです。

ここで大切なのは、ノートには、プラスの部分だけ書くということです。

マイナス部分、劣った部分は、参考程度にとどめておきましょう。

「気付きノート」とは、自分にはどんな才能があるのか、どんな武器を使って戦っていけるのかを知るための記録です。

何度も見返せば、自然とプラス志向になります。

とくに、何か小さな目標をやり遂げて、ひとつ階段を上がったと実感したら、ぜひこのノートに書き留めてください。それは大きな自信につながります。

うまくいったときに、ただ「うまくいって、良かった」で終わらせるのではなく、このマル秘ノートに記録して、それを見返すことで、「次」に生かせる糧《かて》になるのです。あなたの人生はやがて一変するはずです。

自分の長所を知る

気付きノートをつくる

〈 気付きノート 〉

年　月　日

今日よかったこと

●
●
●
●
●
●

プラスの部分だけ書く

見えてきた長所

・協調性がある　・計画性がある
・人当たりがいい　・頼りがいがある

● 褒められたら、必ずノートに付ける
● ノートから自分の能力が見えてくる

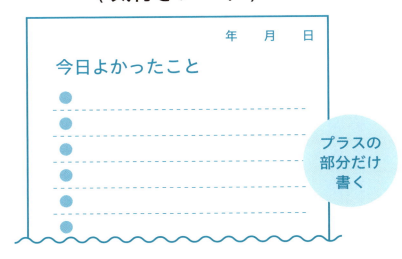

48

パラパラと読むだけで頭に入る読書法

必要な情報だけを無駄なく体系的に集める

仕事は、インプットとアウトプットのバランスの上に成り立っています。仕事というアウトプットの作業の合間には、インプットする時間も必要です。

今、どんな情報もネットから取り入れることができますが、貴重な情報をまとまって取り入れることができるのは、やはり本や雑誌などです。

1日のうち、たとえ30分でもいいから、本や雑誌に集中する時間を持つようにしたいものです。

その時間を、さらに生かすための方法があります。30分が、インプットの時間として生かされます。

「検索読み」です。

まず、ひとつのテーマを決めたら、そのテーマに関するビジネス雑誌や書籍などを、10冊ほどあらかじめストックしておきます。

そして、「今日は何についての情報を得るか」のテーマを決めるのです。

それから本を手に取り、そのテーマに関して、学ぶべきところ、興味をひかれるところ、参考になるところなどを発見したら、そこにどんどん付箋を貼っていきます。場合によっては、自分で考えたことを書き込むこともあります。

逆に、テーマとは無関係なところは、どんなに興味をひかれても、絶対に目を通しません。

あくまでもひとつのテーマについて検索するかのように読むのです。パラパラと読むだけで、普通の読書に比べて、10倍速で知識が吸収できる感覚です。

これを集中してやれば、かなりの量の知識が、体系的に頭に入ります。

ポイントは、取捨選択することです。不要な個所は切り捨てていく意志力と決断力が重要なのです。

インプット方法

検索読みで効率的に頭に入れる

〈安田式検索読み〉

テーマを決める

↓

ビジネス雑誌や
書籍を10冊買う

↓

今日のテーマを決め、
読んで参考になる
ところに付箋を貼る

- テーマと関係のないところは切り捨てる
- 検索するかのように知識が集まる

49

インプットした情報をアウトプットで知識にする

自分の言葉で説明できているかどうかを試す

本や雑誌から得た情報を、知識として確実に頭に蓄積させる最高にうまい方法で紹介しましょう。これは案外、誰もやっていません。

それは、ひとつのテーマについて「検索読み」をしたら、あまり時間をおかず、なるべく早い段階で、それを人に話してみることです。

情報というのは、インプットしただけでは、頭の中に定着していません。正しく理解できているかどうかを、客観的に確かめることもできません。

そこで、インプットした情報を自分の言葉を使って他人に話してみるのです。

すると、自分がどれほどその内容を理解しているかがわかります。

相手がきちんとその情報を受け取れば、自分も正しく理解できていることになります。

さらに、本や雑誌からの受け売りだけでなく、オリジナリティのある発想を持っているかどうかもわかります。

逆に、相手になかなか伝わらないこともあります。伝わらないと思ったら、さらに他の書物で知識を補完したり、自分の考えをあらためて整理し直してみるようにします。

なぜなら、人に伝わらない理由は、自分がその内容を正しく把握していないからです。

または、把握していても、自分の言葉に置き換えることができない、つまり、自分のものになっていないからです。

ともかく、インプットした情報を、すぐにアウトプットしてみる。それにより、自分が得た知識を、より確実なものにできるのです。

アウトプット方法

インプットした情報を他人に話す

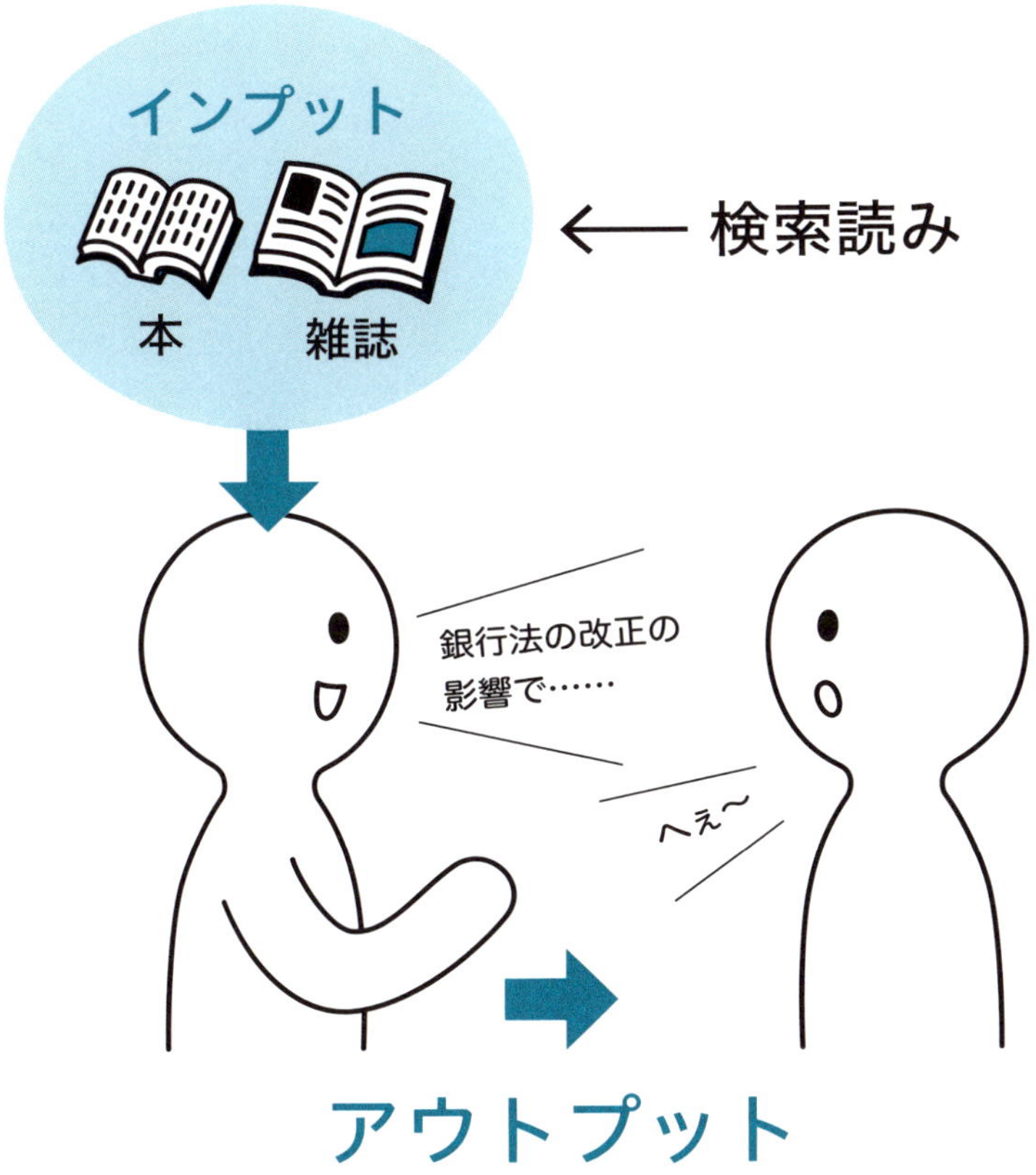

- 自分の言葉で話すことが大切
- 他人に話すことで自分の理解を深める

50

「ツッコミ&ダメ出し読書術」で自分の考えを高める

対話するように本を読むことを心がける

最も効率よく仕事ができるのは午前中であることは前述しました。

とくに朝起きてから2時間後くらいは、脳が最も活性化する時間帯です。その時間帯に、最も重要な仕事に取り組むのは、ひとつの理想です。

しかし、その時間はちょうど通勤電車の中だという人も多いでしょう。満員電車に揺られながらでは、仕事はもちろん、「検索読み」もできません。

そこで読書の時間にしている人も多いでしょう。読書もまた、意味のあるインプットです。知識を得るためにも、好奇心を満足させるためにも、頭の回転をよくする助走としても、読書は欠かせません。

ここで心がけて欲しいのは、本の内容を鵜呑みにしないということです。

むしろ、疑問を持ちながら、本に「ツッコミ」を入れ、時には否定的な気持ちになって「ダメ出し」をしながら本を読むのです。

何のためにそんなことをするのかと言えば、そうすることによって、自分の考えがまとまってくるからです。

書いてあることをそのまま信じていたのでは、創造的な読書とは言えません。

「そうではない」「自分だったら、こうは考える」「ほかにもっといい方法はないのか」という思いをつねに持ち続けることです。

そうすると読書が、より創造的な経験になります。

まるで、本と対話するかのように読書するといってもいいでしょう。そうすれば、たとえ同じ本であっても、他の人が読むよりは、もっと多くの有意義なものを吸収できるはずです。

ツッコミ&ダメ出し読書術

常に疑問を持ちながら本を読む

読書は仕事の助走として最適

- 本の内容は鵜のみにしない
- 本と対話するように読書する

著者紹介

安田 正（やすだ ただし）

株式会社パンネーションズ・コンサルティング・グループ代表取締役。早稲田大学グローバルエデュケーションセンター客員教授。英語のほか、ロジカル・コミュニケーション、プレゼンテーション、対人対応トレーニング、交渉術などのビジネス・コミュニケーションの領域で、上場企業、官公庁を中心に1700の会社、団体でのセミナー講師、コンサルタントとしての指導実績を持つ。また、東京大学、京都大学、一橋大学などでも教鞭を執る。

著書に、大ベストセラーとなっている『超一流の雑談力』（文響社）シリーズのほか、『英語は「インド式」で学べ！』（ダイヤモンド社）、『一流役員が実践している仕事の哲学』（クロスメディア・パブリッシング）、『できる人は必ず持っている 一流の気配り力』（三笠書房）などがある。

株式会社 パンネーションズ・コンサルティング・グループ
https://ssl.pan-nations.co.jp/

面白《おもしろ》いほど役《やく》に立《た》つ

図解《ずかい》 超《ちょう》一《いち》流《りゅう》の時《じ》間《かん》力《りょく》

2018年9月10日 第1刷発行

著　者　安田《やすだ》 正《ただし》
発行者　中村 誠
印刷所　図書印刷株式会社
製本所　図書印刷株式会社
発行所　株式会社日本文芸社

〒101-8407 東京都千代田区神田神保町1-7
TEL 03-3294-8931［営業］、03-3294-8920［編集］
URL https://www.nihonbungeisha.co.jp/

Printed in Japan 112180823-112180823 Ⓝ 01
ISBN978-4-537-26192-9
編集担当・水波 康

※本書は2014年12月発行『成功と自由を手に入れる 安田式時間ルール』を元に、新規原稿を加え大幅に加筆修正し、図版を新規作成し再編集したものです。